AF600024

Ciudad Real

El hospital y la ciudad

Dos siglos de historia

Diego Peris Sánchez

Edita: Serendipia Editorial
www.serendipiaeditorial.com
contacto@serendipiaeditorial.com

Diego Peris Sánchez

Fotografías: Centro de Estudios de Castilla-La Mancha (UCLM), hemeroteca histórica, Diego Peris Sánchez y archivos.

Diseño y maquetación: Sobrino comunicación gráfica
Producción: Las Ideas del Ático

ISBN: 978-84-19793-52-2
Depósito legal: CR 178-2024

Primera edición: junio 2024
Impreso en España - *Printed in Spain*

Agradecemos la colaboración documental del Centro de Estudios de Castilla-La Mancha (CECLM), Universidad de Castilla-La Mancha.
www.uclm.es/ceclm

En Ciudad Real, durante siglos, los denominados hospitales han sido instalaciones asistenciales con una reducida capacidad. A mediados del siglo XIX con la presencia de las Diputaciones Provinciales comienza el proceso de construcción del Hospital del Carmen que en diferentes momentos va consolidando una estructura integrada por construcciones independientes. Un proceso complejo que va incorporando edificios en diferentes momentos, consolidando una estructura extensa integrada por pabellones independientes. Los arquitectos provinciales de cada momento: Cirilo Vara, Sebastián Rebollar, Telmo Sánchez, Roldán Palomo y Jesús García del Castillo van realizando las aportaciones de diferentes décadas. Ya en la segunda mitad del siglo XX se decidirá construir un nuevo hospital proyectado por García del Castillo que tuvo un breve funcionamiento por la creación del Insalud y la construcción del edificio de la Seguridad Social.

A mediados del siglo XX se construyó un sanatorio antituberculoso que no llegó a funcionar con esa finalidad nunca, en el lugar denominado "la Atalaya". Un edificio que experimenta los resultados de los avances de la medicina que, con la presencia de antibióticos, hace inútil su instalación.

En 1965 el Insalud construye la denominada Residencia de la Seguridad Social que asume las competencias sanitarias incorporando las que realizaba todavía la Diputación Provincial. Unas instalaciones que absorberán las del Hospital del Carmen y que durante décadas han sido los referentes hospitalarios de Ciudad Real.

A finales del siglo pasado se construye el Hospital General Universitario con unas nuevas instalaciones y un diseño extenso integrado por elementos modulares que se inaugurará el año 2005. Un proyecto

En la página anterior. Fiesta religiosa en el hospital de Nuestra Señora del Carmen, en honor a su patrona; arriba, autoridades y devotos a las puertas de la iglesia; abajo, las autoridades con la superiora del Hospital, sor Teresa Aranda. Fotog. E. Lérida. *Vida Manchega*, 24.07.1913. Biblioteca Nacional de España

El desayuno escolar, hermosa obra creada por el Comité de Damas antituberculoso de Ciudad Real en favor de los niños de las Escuelas públicas y sostenido con los donativos de las personas amantes del progreso. Fotog. H. Collino. *Vida Manchega*, 16.01.1913. Biblioteca Nacional de España

de especial calidad, diseñado por los arquitectos Ángel Fernández Alba y Soledad del Pino, que multiplica por cinco la superficie de la antigua Residencia de la Seguridad Social.

La instalación hospitalaria cubre las necesidades de una atención esencial para las personas como es la salud y que ha ido avanzando en conocimientos, técnicas y dotaciones de equipos de tecnología. Y una instalación que se convierte por sus dimensiones, por el personal que trabaja en ellas, por las numerosas personas que acuden diariamente a sus instalaciones, en un elemento configurador de la ciudad.

Configurador por lo que ha significado su presencia como catalizador de un entorno residencial que se ha desarrollado en pocas décadas posteriores a la construcción del HGUCR. Y configurador por el flujo de trasporte de personas y materiales que genera su presencia.

Una arquitectura que ha evolucionado en su concepto, en las propuestas de organización y que, en su complejidad, debe atender las necesidades técnicas del desarrollo del conocimiento en esta materia, que se convierte en referente urbano y que debe integrar la calidad humana de atención a los pacientes que acuden a sus instalaciones.

ÍNDICE

PRÓLOGO

En la Edad Media surgen numerosas instituciones asistenciales y hospitalarias en Europa. Están pensadas como práctica de la caridad cristiana, ejercida en la mayoría de las ocasiones por órdenes religiosas. En muchos casos se combinan las actividades asistenciales y las sanitarias acogiendo a pobres y mendigos a los que también se les procuran cuidados médicos[1].

El hospital que se construye en el Renacimiento es el logro de la ciudad y de los príncipes y mecenas con el objetivo de prevenir la peste y atender a los indigentes. Son centros asistenciales promovidos por reyes y mecenas como ocurre en Toledo con la construcción del Hospital de Santa Cruz y el de San Juan Bautista de las Afueras o de Tavera. Son instalaciones que buscan unas buenas condiciones de ventilación y renovación de aire a la vez que un contacto con la naturaleza[2].

El hospital que construye la Ilustración es la máquina de curar que permite al rey mantener los ejércitos en pie y controlar la salud de la población. En el siglo XIX la medicina experimenta grandes avances, pero, sin embargo, los edificios hospitalarios aparecen más preocupados por su forma que por sus instalaciones y funcionamiento. En el siglo XX cambian las técnicas y las formas de pensar los hospitales y hacia mediados del siglo el modelo de hospital es el vertical, que potencia los equipamientos técnicos en radiología, análisis clínicos y cirugía. Las plantas altas de las torres se reservan para el internamiento de los enfermos y las inferiores para los servicios centrales. Con los continuos avances tecnológicos este esquema será difícil de mantener. Las últimas décadas del siglo XX requieren nuevos esquemas y soluciones tecnológicas cada día más complejas y flexibles.

En Ciudad Real, desde el siglo XVI a la actualidad, diferentes instalaciones hospitalarias se han ido creando para atender las necesidades de salud. Instalaciones de diferentes objetivos y dimensiones que han tenido una repercusión diversa en la ciudad, no solo por sus servicios sino en la medida en la que han configurado su estructura urbana. Estructuras que suponen centros de trabajo con un número importante de personas implicadas en el mismo y un conjunto de desplazamientos de trabajadores y pacientes que son parte esencial de la dinámica urbana de la ciudad[3].

> Iniciado el siglo XVIII se asume la responsabilidad sanitaria por parte de las autoridades civiles. La caridad se trasforma en beneficencia tratando de asumir la necesidad de hacer bien por razones de fraternidad, concepto ilustrado. Desde los principios del siglo XVIII, las autoridades civiles comienzan a asumir la responsabilidad hospitalaria y desde ese momento hasta nuestros días se origina una evolución trasformadora del concepto de hospital abandonando la función de asilo de mendigos, ancianos y niños desamparados para sustituirla por la de máquina de curar perteneciente a la justicia social[4].

NOTAS

1 LAMÍN, P. 1993. "El hospital en la historia de la sociedad occidental" en *Historia de los hospitales, Revista El Médico*, Madrid, p. 21.

2 GARCÍA GUERRA, D. 1993. "El Hospital en el Renacimiento" en *Historia de los hospitales, Revista El Médico*, Madrid, p. 173 y ss.

3 VILLEGAS DÍAZ, Rafael, 1981. *Ciudad Real en la Edad Media. La ciudad y sus hombres (1255-1500)*, Ciudad Real, Diputación Provincial.

4 CASINELLO, Adela M.ª, 1993. "Consideraciones sobre la institución hospitalaria en el siglo XIX" en *Revista BAU* núm. 8/9, p. 96.

En la página siguiente. "La cocina económica en el Comedor de Calidad, cuya humanitaria institución, gracias a las incesantes gestiones de los Sres. Gobernador y Alcalde secundados por el vecindario, está remediando el triste estado no solo de la clase pobre, sino de los obreros que se encuentran sin trabajo". Fotog. R. Pérez. *Vida Manchega*, 15.03.1916. Biblioteca Nacional de España

1 LOS PRIMEROS HOSPITALES

A lo largo de los siglos han existido en la ciudad pequeñas instalaciones con la denominación de hospitales que correspondían más a instituciones asistenciales que sanitarias. Probablemente la primera instalación dedicada al cuidado de la salud fue el hospital de san Juan de Dios.

El hospital de san Juan de Dios

El primer hospital existente en la ciudad está relacionado con la Orden de San Juan de Dios. Sus fundadores, López Tufiño y Antonio de Torres eran hijos de Ciudad Real y promovieron la creación de este hospital para atender a la curación de enfermos indigentes. Muerto Tufiño, fue el licenciado Antonio de Torres Triviño su heredero, quien promovió en su testamento *post mortem* la creación de un hospital[5]. Trataron con el General de la Orden de San Juan de Dios, eligiendo un solar junto a la huerta del Pangino, al lado o en la casa que había sido Chancillería, lugar insano dicen las crónicas por ser zona de retención de aguas "más propio para enfermar que para sanar". Aunque el solar no era el idóneo, se levantó el hospital con la autorización del General de la Orden, Fray Faustino Sánchez Alberola, en 1643, contando con los 50 000 pesos donados por sus fundadores. Previamente Antonio Torres había solicitado permiso al Consejo de Castilla quien, a su vez, solicitó la opinión del corregidor que informó favorablemente la creación del hospital[6].

Tal y como se recogía en la escritura, el donante quería que "la disposission y forma de la fundación de el dicho hospital" se dejase

En la página anterior. Fotografía aérea de Ciudad Real, tomada en 1928 por Walter Mittelholzer, en la que hemos destacado la ubicación de la Escuela Normal de maestras, que ocupaba en estas fechas el que fuera hospital de San Juan de Dios.

en manos de don Antonio que, además, debía ostentar el título de patrono hasta el fin de sus días. A su muerte, el cargo habría de recaer en el párroco de San Pedro de Ciudad Real y "en dos diputados del cavildo de la dicha ciudad que sean los más antiguos" precisando que:

> aviendo parientes del dicho difunto en el dicho cavildo sean preferidos a otros en el dicho patronazgo y que si obiesse colejio de la Compañía de Jessus en la dicha ciudad mando que en lugar de uno de los dichos diputados sea patron el rector que fuere de el dicho colegio y a su falta el ministro del [7].

Los miembros del Consejo no tuvieron en cuenta los deseos del corregidor y el 29 de agosto de 1643 despacharon un permiso para que se fundase el hospital con una condición: "que para el servicio y asistencia de los enfermos asistan en el dos hermanos de la congregación del hermano Vernardino de Obregon". El dictamen fue apelado por don Antonio que prefería a los seguidores de San Juan de Dios, influido tal vez por las apreciaciones del corregidor. En su petición afirmaba que,

> se siguiria grande utilidad de que en el dicho hospital assistiessen los dichos hermanos de San Juan de Dios respecto de la mucha asistencia caridad y cuidado con que acudían a los pobres y su curación de que resultaba el conservasse perpetuamente dicha ospitalidad.

El licenciado esperaba encontrar el mismo apoyo que había obtenido hasta entonces; pero lo cierto es que el fiscal había cambiado de opinión y, en esta ocasión, se opuso frontalmente a la presencia de esta congregación religiosa en Ciudad Real. En sus alegaciones afirmaba que,

> los hermanos del Santo Juan de Dios bivian en forma de relixion y si se les diesse la licencia que pedían ressultaria que aumentarían el número de religiosos y por este camino harían convento en perjuicio de los demás de la dicha ciudad de Ciudad Real contra los capítulos de millones.

Los miembros del Consejo volvieron a revisar el asunto y, en contra del criterio del fiscal, despacharon un auto por el que daban permiso

Calle Ruiz Morote. *Vida Manchega*, 5.12.1919

para que se fundase el hospital y "assistiessen en el al cuidado y cura de los enfermos (...) cinco hermanos de Juan de Dios con que nimguno dellos sea en ningún tiempo sacerdote". Esta decisión se vio refrendada mediante una provisión real que se despachó el 18 de noviembre de 1643"[8].

Pero pronto se confirmó que el lugar inicialmente elegido no era adecuado y se pensó en la necesidad de su traslado. El nuevo lugar era una casa de la calle Dorada (hoy Ruiz Morote), donde hubo que vencer grandes problemas. En el año 1660 dio comienzo la fábrica de la iglesia, invirtiéndose en la obra más de cuarenta años y construyendo el templo bajo la advocación del Espíritu Santo[9]. En fotografías antiguas de la calle Ruiz Morote desde la esquina de la casa de la Torrecilla aún se podía ver el volumen del edificio. El convento hospital tuvo una actividad cargada de problemas y dificultades. Con el decreto de expulsión de las órdenes religiosas se abandonó en 1822, asumiendo la asistencia de los enfermos el Ayuntamiento de la ciudad. El hospital tuvo actividad intensa en diferentes momentos de conflictos bélicos ya que fue la única fundación benéfica hospitalaria durante largos años.

El hospital disponía de dos salas de enfermos, una sala de invierno y otra de verano, para 30 camas, atendiendo a cerca de 300 enfermos al año. Los enfermos estaban separados según la naturaleza de la enfermedad; existiendo departamentos para enfermos infecto contagiosos (viruela, paludismo, cólera, etc.) y para los afectados del mal de bubas (sífilis). El hospital era asistido por ocho religiosos, con un médico-cirujano y otro personal del servicio sanitario.

Calle Ruiz Morote a mediados del siglo XX

Torres, fundó además del hospital un centro de cultura, estableciendo un sistema de becas para que los estudiantes pobres pudieran cursar sus estudios en las Universidades; creó dieciocho suertes para doncellas pobres; una escuela de leer y escribir y contar, y una cátedra de gramática, destinando para todo ello 27 800 ducados anuales[10].

La administración y dirección del hospital la llevaban los religiosos hasta que, en 1822, se encargó el Ayuntamiento de aquella dirección y aprovisionamiento. Después de un corto ensayo vuelve a los hermanos de San Juan de Dios, hasta la supresión de los conventos el 9 de marzo de 1836. A partir de entonces corrió a cargo de la administración militar cuando fue solicitado por el Intendente General del Excmo. de los Priores de los Ex-Conventos de San Juan de Dios suprimidos en las provincias de Toledo y Ciudad Real y el de Ocaña continuasen prestando asistencia en calidad de particulares a los enfermos militares. La resolución fue favorecida por la reina D.ª María Cristina de Borbón por Decreto de 11 de abril de 1836, quedando la administración a cargo del Ayuntamiento y los enfermos militares serían atendidos en el hospital, pero siempre que pagasen con puntualidad las estancias al precio de cinco reales que tenían convenido con los religiosos de San Juan de Dios. A pesar de lo terminante de las disposiciones dadas por la reina gobernadora D.ª María Cristina, la dirección y administración del convento-hospital volvió a cargo del exprior don Juan Solís Mateos en 1837, hasta que un año después pasó su administración al Ayuntamiento y a una Junta Municipal de Beneficencia.

En el solar del hospital-convento se construyó la Escuela Normal. En el año 1842, había una lápida en el pavimento de una de las salas de la Escuela Normal de maestras de la calle Dorada, que hacía mención del traslado. El convento de San Juan de Dios se había convertido en Escuela de Magisterio. El 26 de febrero de 1842, el *Boletín Oficial de la Provincia* publicaba la resolución:

> Decidida la Diputación a proporcionar todos los medios que conduzcan al fomento de la instrucción pública en esta provincia de Ciudad Real (...), ha determinado se realice el establecimiento de la Escuela Normal planteada en esta capital a cargo del profesor alumno de la Central del Reino don Juan Trujillo.

Era uno de los formados en la Normal-Seminario de Maestros de Madrid. El día primero de abril se inauguraba la Escuela Normal de Ciudad Real[11].

Instituciones asistenciales

Junto a los hospitales, diferentes instalaciones asistenciales que, a veces, llevan la denominación de hospital, pero que tienen básicamente funciones de atención a personas con escasos recursos[12].

En 1433 ya existía el llamado **Hospital de la Santa Hermandad** que era fundamentalmente un hospedaje de familiares y empleados en la custodia y defensa del reo. Estaba en la actual calle Libertad esquina a Lirio. Se cuidaba del sustento de los futuros ajusticiados y de sus familiares, mientras estuviesen en capilla, para lo cual se recogían limosnas.

Con la denominación de **Hospital de San Antón** existía a mediados del siglo XIX otra institución en Ciudad Real. La Orden Antoniana, fundada en 1095, se instaló en Ciudad Real en 1262, según algunos autores. "En 1808 propuso el Gobierno a este Ayuntamiento la creación en esta ciudad de un Presidio, lo que declinó, pretextando la escasez de recursos; pero cuatro años después le invitó para una Casa de Corrección de Mujeres Delincuentes... Pero la invasión francesa impediría la ejecución del proyecto"[13].

Con el nombre de **Hospital de la Concepción** existió una institución benéfica que, a mediados del siglo XIX, ya había desaparecido, aunque se realizan obras de mejora en el mismo en 1859 con proyecto de Cirilo Vara.

En la calle de Ballesteros estuvo el **Hospital de San Blas** que contaba con dos camas para acoger a pobres viandantes. Diferentes instituciones asistenciales de pequeñas dimensiones que desarrollaban esencialmente una actividad benéfica. El Hospital de San Blas, fue fundado bajo la advocación de san Blas invocado como médico de las enfermedades de la garganta. El edificio ocupó los números 3 y 5 de la calle Ballesteros (entre las de Dorada y Mata actuales). Una pequeña casa de planta baja, con cinco habitaciones que funcionaba como albergue de mendigos transeúntes donde se les recogía durante tres días, eran alimentados y cuando enfermaban eran tratados en la enfermería del albergue.

En 1557, reinando Felipe II, el capitán Cristóbal de Mena y su esposa doña Ana Mexia, fundaron una casa-asilo que ocupó una casa situada en la calle Real, cerca del lugar donde se instaló el Hospital de San Juan de Dios. En ella se acogían ancianos mayores de 50 años y a los pobres o afectados por diferentes dolencias. A esta casa-asilo se le conoció también por **Colegio de Ancianos o Engordadores**. En 1560, se convirtió la fundación en Hospital Real, y sus fundadores hacían construir una capilla en el Convento de San Francisco. En 1854 aún se mantenía la casa-asilo a la entrada de la calle de la Paloma, número 2, y las fincas de labor que fueron dejadas por sus fundadores para el sostenimiento reguladas por quinquenios, producían al año 4600 reales, siendo agregadas a una Junta Provincial de Beneficencia, según acuerdo de 1854[14].

En 1564 funcionaba también un establecimiento fundado por Hernando de Poblete, llamado **Hospital de la Concepción** para el soco-

Arriba. Iglesia del Hospital de los Remedios ("de Pedrera")

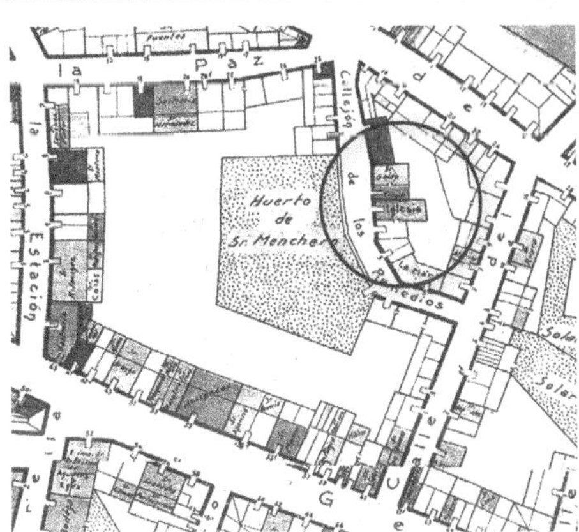

A la derecha, la iglesia según aparrece en el plano Censo de Sofi, en 1925

rro de 12 mujeres huérfanas o viudas pobres, las que recibían el 25 de diciembre, con motivo de la festividad de la Natividad del Señor, recursos en ropas y dinero. El edificio estaba próximo al Convento de la Orden de San Juan de Dios, calle Dorada 14. En el Archivo de la parroquia de San Pedro, en cuya feligresía estaba enclavado el hospital, existían las ordenanzas y estatutos que regían la hermandad.

El **Hospital del Refugio** situado en la calle de su nombre, se fundó en 1620. El centro benéfico acogía a los menesterosos y enfermos y tenía un servicio de rondas para recoger a los desvalidos que descansaban en la vía pública o en los soportales, siendo transportados al refugio de la hermandad. Para llevar a cabo su función pedían limosnas hasta que don Francisco de Treviño, a su muerte, dejó a la Obra rentas con las que se hizo posible su sostenimiento.

En 1633, en la calle de Pedrera Baja estaba el **Hospital de la Pedrera**. Su estado ruinoso y, sobre todo, el encontrarse en zona no urbanizada lejos del centro de la población, y donde acampaban solamente vagabundos y gente de mal vivir, fueron motivo para que la Cofradía de Nuestra Señora de la Pedrera pensase en su venta. La autorización para llevar a cabo aquel proyecto de realización estuvo sujeto a no pocas deliberaciones, hasta que al fin fue autorizado por el cardenal infante arzobispo de Toledo, el 26 de julio de 1634, y pasando su importe de venta a engrosar los fondos de la Cofradía de Nuestra Señora del Prado.

Cuando se demolió el hospital se conservó solamente la imagen de Nuestra Señora de los Remedios que fue trasladada a una capilla construida próxima al hospital, con las limosnas de sus numerosos devotos.

Pequeñas construcciones que, a lo largo de los siglos XVI y XVII principalmente, trataban de asistir a personas sin recursos cuidando de su salud física y espiritual.

La Real Casa de la Caridad

En Ciudad Real, la política ilustrada del cardenal Lorenzana promueve la construcción de la Real Casa de la Caridad denominada en ocasiones **Hospital de la Caridad**[15] inaugurado en 1788. El edificio tiene un carácter asistencial para personas necesitadas de ambos sexos a los que se les proporciona una formación en determinadas actividades artesanales y se les facilita asistencia sanitaria y social hasta su integración en la sociedad. Las Ordenanzas para el gobierno del edificio así lo recogían[16]. La finalidad de la institución era:

> la felicidad espiritual y temporal de los pobres mendigos, expuestos entre el ocio y la libertad a toda suerte de vicios... Se ha de poner la atención en que se les dé una ocupación honesta, proporcionada a sus fuerzas, aplicándolos en las fábricas que en la misma Casa se han establecido, a las manufacturas de lana, cáñamo y esparto...

Cuando existan problemas de salud "se les ha de llevar para que se les cure, a aquel Hospital a que corresponda según la especie de enfermedad que padezcan..." (a. XI). Solo si no existiera en el hospital lugar, se les curará en la enfermería de la casa. No se trata pues de una institución sanitaria sino de inserción social a pesar del nombre con que en ocasiones se habla del edificio.

La Real Casa de la Caridad, ya como cuartel, en 1919. *Vida Manchega*

La Real Casa de la Caridad es un edificio de planta rectangular con dos grandes patios interiores, proyectado por Eugenio López Durango. Con dos alturas, todas sus dependencias giran en torno a dos espacios centrales y galerías que recorren su perímetro dejando espacios al exterior con buenas condiciones de iluminación y soleamiento para todos ellos. En el centro del conjunto se sitúa la iglesia, único espacio donde se producía el encuentro de hombres y mujeres que ocupaban cada una de las dos grandes zonas del edificio[17]. La voluntad de actuación que plantea el proyecto de Lorenzana tendrá repercusión en la ciudad, en su borde, próximo al recinto amurallado, conformando un edificio arquitectónicamente cualificado y ordenando el entorno.

El edificio se inauguraba el 29 de abril de 1788.

> Un año después, más de trecientas personas eran acogidas y empleadas entre ellas, muchos de los mendigos y desocupados que paseaban por los caminos de la Mancha eran instruidos en diferentes oficios o destinados al trabajo de telares en la manufactura de ropas. Pues deseoso el Cardenal Lorenzana de continuar en Ciudad Real la fama que le dio al Alcázar toledano el trabajo en los telares, orientó en tal sentido la Casa de su Fundación, llegando a fabricarse paños, estameñas y lencería lisa y bordada, que sin ser trabajo selecto llenaba su contenido práctico[18].

El hospital en esos momentos se construye con las directrices del edificio renacentista. Sabatini proyecta a finales del siglo XVIII el Hos-

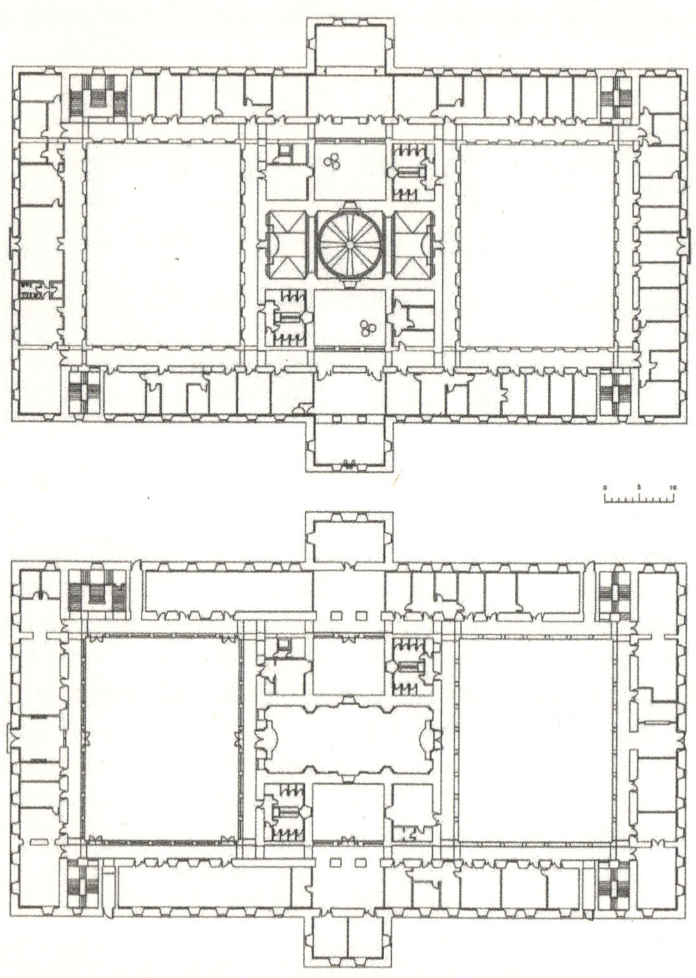

Plantas de la Real Casa de la Caridad.
Actual Rectorado de la Universidad de Castilla-La Mancha

pital General de Atocha[19] y Haan proyecta el Hospital de Dementes en Toledo. Los esquemas de patio central con uno o varios de ellos se reproducen en diferentes instalaciones hospitalarias. Un esquema que servirá de referencia en siglos posteriores en numerosas instalaciones.

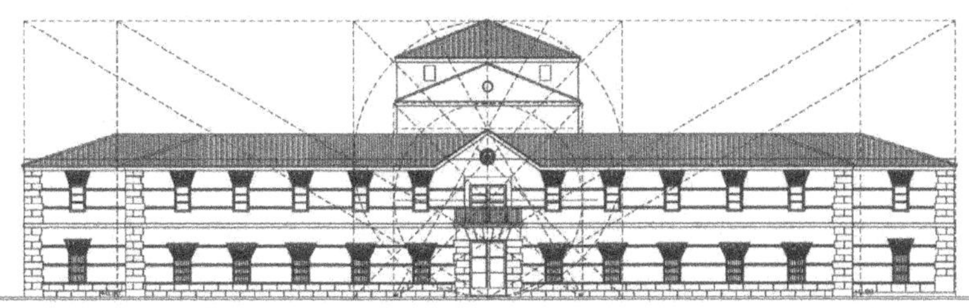

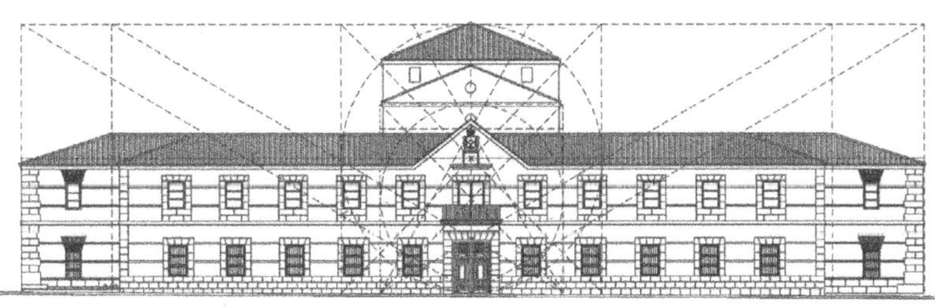

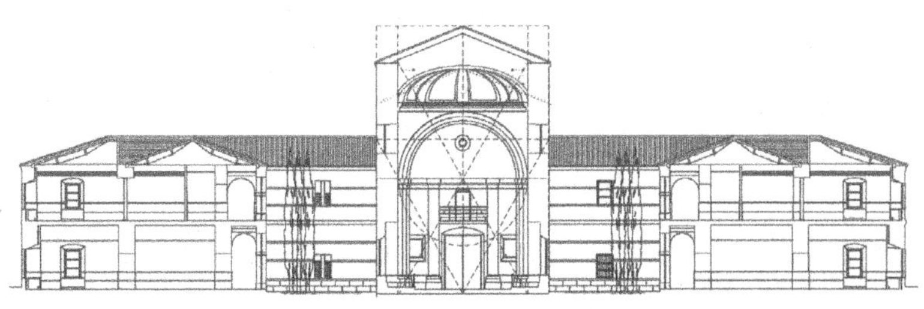

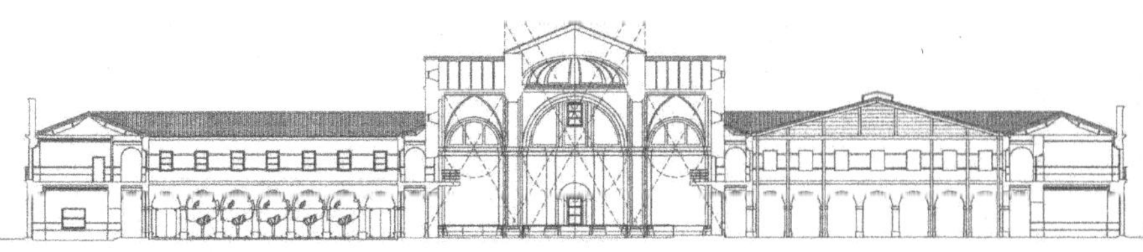

Alzados y secciones de la Real Casa de la Caridad de Ciudad Real

5 Testamento de 24.01.1639. *AHPCR* (Archivo Histórico Provincial Ciudad Real), Hacienda caja 802, documento 7, s.f.

6 *AHN* (Archivo Histórico Nacional), Clero– Clero secular-regular, legajo 1866, s.f.

7 *AHPCR*, Hacienda, caja 802, documento 7, s.f. https://elsayon.blogspot.com/2017/09/la-fundacion-del-hospital-de-san-juan.html

8 https://elsayon.blogspot.com/2017/09/la-fundacion-del-hospital-de-san-juan.html

9 Barraquero, José Javier, 2003. *Conventos de la provincia de Ciudad Real.* Biblioteca de Autores Manchegos. Ciudad Real 2003, pp. 109-112.

10 Martín Aguirre, Emilio. https://elsayon.blogspot.com/2015/12/caridad-y-beneficencia-en-el-antiguo.html

11 En 1946, el solar de la Escuela Normal será utilizado por la Diputación para levantar un bloque de viviendas de cuatro plantas. El Grupo Francisco Franco fue proyectado por el arquitecto provincial Arturo Roldán Palomo. Recientemente el edificio ha sido demolido para construir un nuevo grupo de viviendas.

12 Herrero Vior, Prudencio, 1950. "Caridad y Beneficencia en el antiguo Ciudad Real. Primitivos hospitales, asilos y casas de misericordia" en *Cuaderno de Estudios Manchegos* IV, Ciudad Real, Instituto de Estudios Manchegos, pp. 7-14.

13 Hervás y Buendía, Inocente, 2002. *Diccionario histórico geográfico. Biográfico. Bibliográfico de la provincia de Ciudad Real*, Ciudad Real, Diputación Provincial, edición facsímil, p. 358.

14 https://elsayon.blogspot.com/2015/12/caridad-y-beneficencia-en-el-antiguo.html

15 VV. AA.,1999. *El cardenal Lorenza y la Universidad de Castilla-La Mancha.* Ciudad Real, Universidad de Castilla-La Mancha.

16 "Ordenanzas para el Gobierno y administración de la Real Casa de caridad para bien de los pobres se ha erigido en Ciudad Real de orden del Rey nuestro Señor y baxo su real protección" en VVAA, *El cardenal Lorenzana y la Universidad de Castilla-La Mancha*, 1999, Ciudad Real, UCLM, pp. 181-193.

17 Peris Sánchez, Diego, 2002. "Rectorado, Real Casa de la Caridad", en *Arquitectura, Universidad y ciudad.* Ciudad Real, UCLM, pp. 412-425. Con la invasión francesa el edificio pasará a tener un uso militar que conservará durante años hasta que, a finales del siglo XX, se cederá a la Universidad de Castilla-La Mancha quien lo ha rehabilitado como Rectorado de esta.

18 Herrero Vior, Prudencio, 1950. p. 12.

19 Sambricio, Carlos, 1982. "El Hospital General de Atocha en Madrid, un edificio en busca de autor" en *Revista Arquitectura* n.º 293, nov. / dic. 1982, pp. 44-52.

"Gabinete de rayos X y tratamientos Electroterápicos que el afamado Médico D. Manuel Messía de la Cerda, tiene establecido en Ciudad Real, Plaza del Pilar, núm. 22". *Vida Manchega*, 18.09.1913

"El Dr. Ruiz Ibarra, de Calatayud, D. Mónico Sánchez, inventor del Aparato de Rayos X, viendo en el gabinete del Dr. Messía de la Cerda, de esta capital, la colección de radiografías obtenidas con el Aparato Sánchez". *Vida Manchega*, 19.02.1914

Frente a los pocos medios y dificultades de acceso a una sanidad de calidad de la mayoría de la población, las clases pudientes siempre podían acudir a las prestigiosas consultas privadas, como la del doctor Messía de la Cerda, en su casa de la plaza del Pilar, dotadas de los últimos adelantos tecnológicos.

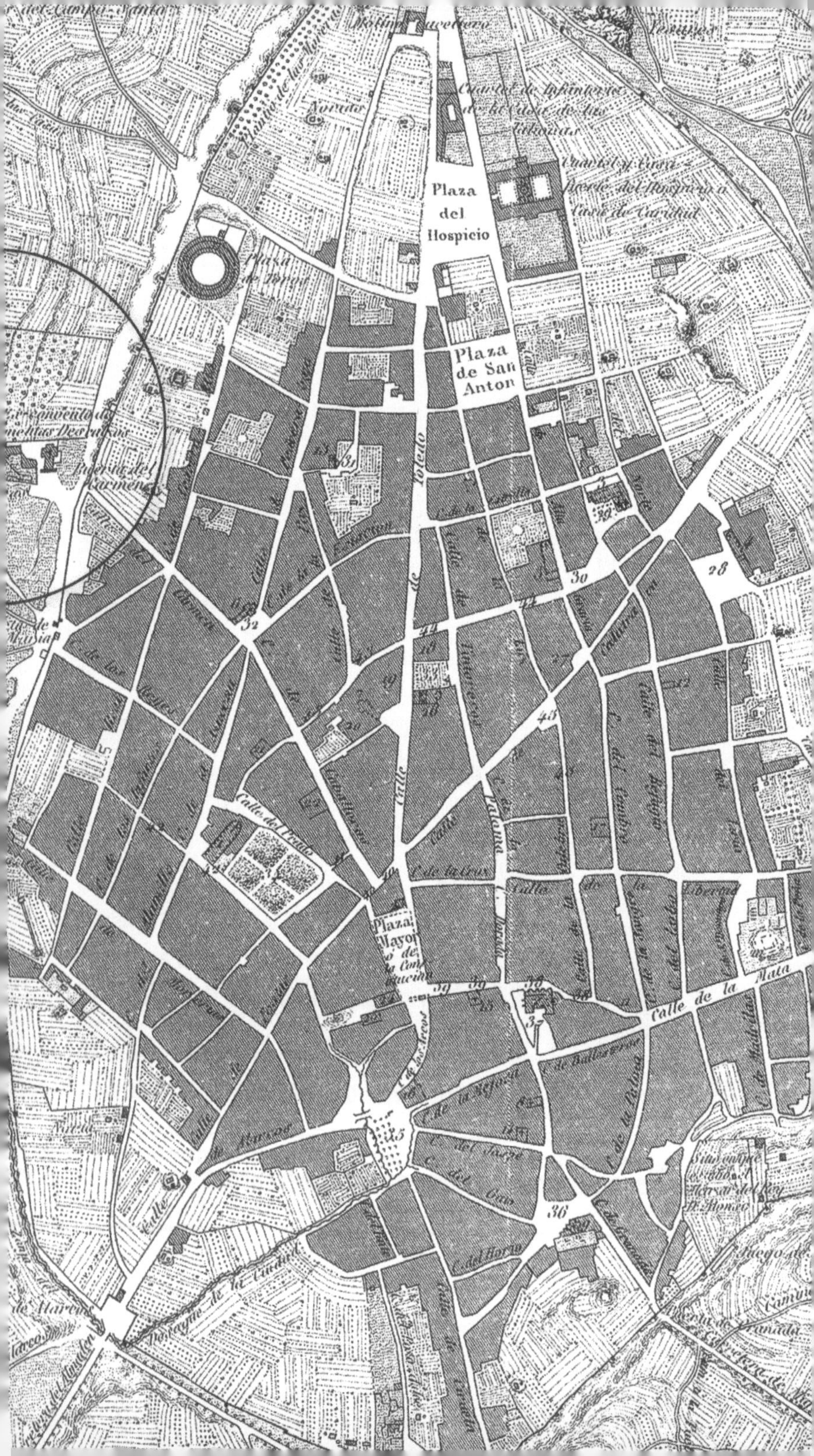
Plaza
del
Hospicio
Plaza
de San
Anton

2 EL SIGLO XIX
LOS COMIENZOS DEL HOSPITAL PROVINCIAL

Cuando Madoz publica su *Diccionario Geográfico-estadístico-histórico*, en 1845, reseñaba todavía en Ciudad Real el convento de carmelitas descalzos "extramuros que se conserva sin destino... imágenes de bastante mérito, principalmente la de la Virgen del Carmen, de suma devoción que ahora está en las monjas carmelitas..."[20]. El plano de Coello que acompaña al *Diccionario* de Madoz señalaba, frente a la puerta del Carmen del recinto amurallado de la ciudad, los restos del exconvento de carmelitas descalzos con la planta de una pequeña iglesia y ruinas.

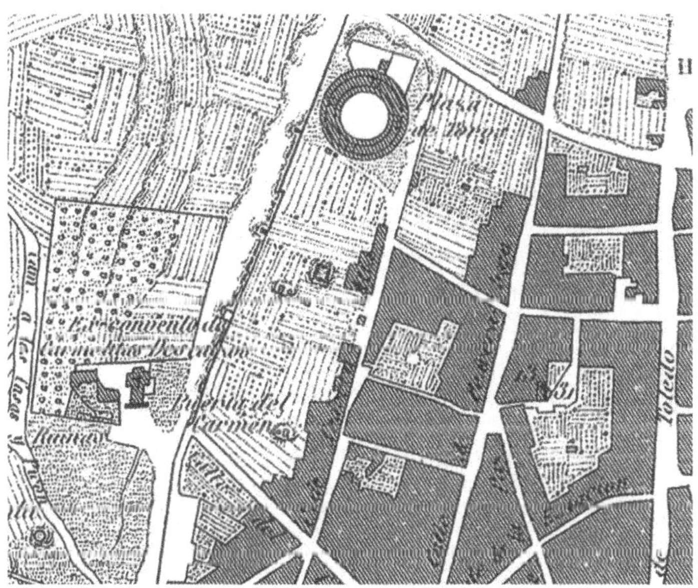

En la página anterior. Plano de Coello, 1856; arriba, detalle del mismo

La presencia de los carmelitas descalzos en Ciudad Real (tanto en su rama masculina como en la femenina) está vinculada a la figura de un caballero de la Orden de Montesa que era regidor de la ciudad: don Antonio de Galiana Bermúdez. El convento de los carmelitas descalzos se fundó con las rentas del mayorazgo instituido por don Antonio de Galiana en 1594. Los derechos del mayorazgo recayeron sobre doña Marina de Galiana, sobrina del fundador que debía cumplir una sola condición para disfrutar de la renta: casarse con don Francisco de Galiana Bermúdez... En este caso las rentas del mayorazgo debían servir para fundar dos obras pías: el convento de los carmelitas descalzos y una institución destinada a casar doncellas. La sobrina de don Antonio no tuvo hijos durante su matrimonio y, como era de esperar, esta falta de descendencia propició la aparición del convento[21].

La *Guía de Ciudad Real* de Domingo Clemente publicada a mediados del siglo XIX (1869) decía:

> A mediados del siglo XIX existe en nuestra ciudad una instalación hospitalaria de carácter provincial. Municipal este establecimiento hasta mediados de 1857, se declaró provincial el 21 de julio del expresado año, bajo la advocación de Nuestra Señora del Carmen. Destinado para su instalación el exconvento de Carmelitas, hiciéronse en él las obras más precisas de reparación, habiéndose gastado grandes sumas con dicho objeto en los años sucesivos y sobre todo en el de 1866 por la Diputación Provincial.
>
> Cuéntanse en este Hospital ciento cincuenta camas distribuidas en trece salas, que con distintos nombres están dedicadas a hombres y mujeres, militares y distinguidos –estos pagan las estancias– presos y convalecientes, habiendo la separación debida entre los que padecen enfermedades comunes y aquellos que las sufren contagiosas, o que por la clase de su dolencia molestan a los demás enfermos. Hay también las habitaciones bastantes para uso del director y de los practicantes y sirvientes, teniendo además cocina, despensa, ropería y lavadero. La botica puede considerarse como una de las mejores de España, y el gabinete de cura pública, que sirve también para los usos de consulta gratuita a los pobres que lo soliciten de los profesores del establecimiento en las horas de visita, contienen en un gran armario de muy buen gusto numerosos instrumentos de cirugía, y todos ellos de subido valor y excelentes condiciones y además una preciosa colección de

GUIA

DE

CIUDAD-REAL

POR

D. DOMINGO CLEMENTE,

PROFESOR DE ESCUELA NORMAL É INSPECTOR DE 1.ª ENSEÑANZA.

1869.

Establecimiento tipográfico de Cayetano C. Rubisco.

> piezas anatómicas procedentes en su mayor parte de un donativo hecho por un ilustrado profesor D. Dámaso López de Sancho, y recogidas todas en las operaciones que él mismo ha practicado dentro y fuera del Hospital. Tal colección es por tanto la base de un museo anato-quirúrgico que de día en día se está enriqueciendo con notables adquisiciones.
>
> Al cuidado de los enfermos hay dos médicos, un farmacéutico, cuatro practicantes, dos enfermeras, un capellán y una cocinera con su ayudante; y al del establecimiento un factor, un portero y tres lavanderas. En el año económico último se invirtieron para cubrir las atenciones de este Hospital 24.385,60 escudos[22].

En apenas dos décadas se había puesto en marcha la institución hospitalaria que estaba arruinada en 1850 y que comienza un nuevo proceso en esta segunda mitad del siglo XIX. Una instalación que busca un cierto aislamiento de la ciudad en esta ubicación fuera del límite de las antiguas murallas que definía en ese momento el perímetro urbano.

> Médicos titulares lo eran entonces D. Damaso López de Sancho. en la sección de cirugía, y D. Juan Bernabeu encargado de la de medicina. Dicho hospital quedó destinado a Asilo de dementes al construirse el hospital provincial actual en terrenos contiguos, a los que un día fue convento. Eran médicos en ejercicio en Ciudad Real: D. José Lamano, Antolín Martínez, D. Jesús Delgado (médico de la compañía del ferrocarril Ciudad Real Badajoz y también de los Baños de Villar del Pozo), D. José Salazar y D. Marcial Rico [23].

La *Guía de Ciudad Real* de Domingo Clemente señalaba la existencia de dos establecimientos más: el **Hospital de la Concepción para hombres**, situado en la calle Palma 2 pensado para que "en él se acogiera a seis hombres pobres, mayores de 50 años, dándoles habitación, vestido y alimento"; y el **Hospital de la Concepción para mujeres**, que estaba en la calle Dorada 14 y lo fundó Hernando de Poblete para proporcionar habitación a mujeres solteras pobres.

El Hospital de la Diputación Provincial. El proyecto de Cirilo Vara
Las diputaciones habían surgido a principios del siglo XIX. Ya la Constitución de 1812 dedicaba los artículos 324 a 327 al gobierno de las provincias.

> Como influencia de los cambios políticos, los aires liberales del trienio 1820-1823 cristalizan en la Ley de 2 de marzo de 1823, previo decreto de las Cortes de 3 de febrero, y que contiene la instrucción previa para el gobierno económico y político de las provincias de la península, islas y posiciones adyacentes. El propio gobierno liberal tiene que moderar las atribuciones conferidas a las diputaciones. Las propias atribuciones para el gobierno económico-político de las provincias son restablecidas por el Real Decreto de 21 de septiembre de 1835. El 8 de diciembre de 1836, Isabel II, y en su nombre la Reina regente y Gobernadora del Reino, restablece los Decretos de 10 de julio y de 11 de agosto de 1813 sobre las reglas de gobierno de las diputaciones provinciales [24].

Cuando se produce el triunfo conservador en 1845 se modifican las atribuciones de las Diputaciones con nuevos cambios en 1863 y la confirmación de sus competencias con la Constitución de 1869 [25]. Entre las competencias más importantes de las diputaciones provinciales estaban las asistenciales.

En los primeros años (1812-1845) ejercen una función de vigilancia y control de las juntas de beneficencia en las que tenían un representante. Del 45 al 70, las facultades de las diputaciones disminuyeron quedando reducidas a una labor informativa al Gobierno. A partir de 1870 volverán a tener las diputaciones toda la competencia en esta materia. La Diputación Provincial ha asumido ya la necesidad de esta instalación e invertido cantidades importantes especialmente a lo largo de 1866 [26].

A lo largo del siglo XIX fue cambiando el concepto de pobreza y de atención social. Un proceso que tiene su reflejo en la legislación de la época como la Ley General de Beneficencia de 20 de junio de 1849 y el Reglamento de 1852.

La ley decía en sus artículos iniciales:

Art. 1.º: Los establecimientos de beneficencia son públicos. Se exceptúan únicamente, y se considerarán como particulares si cumpliesen con el objeto de su fundación, los que se costeen exclusivamente con fondos propios, donados o legados por particulares, cuya dirección y administración esté confiada á corporaciones autorizadas por el Gobierno para este efecto, ó á patronos designados por el fundador. Cuando estos lo fuesen por razón de oficio, y el oficio quedase suprimido, el establecimiento se regirá por las disposiciones de esta ley, respetando en todo lo demás las de la fundación.
Art. 2.º: Los establecimientos públicos se clasificarán en generales, provinciales y municipales. El Gobierno procederá a esta clasificación teniendo presentes la naturaleza de los servicios que presten, y la procedencia de sus fondos, y oyendo previamente a las Juntas que se crean en la presente ley.
Art. 3.°: Son establecimientos provinciales por su naturaleza: las casas de maternidad y de expósitos. Las de huérfanos y desamparados.
Art. 4.°: La dirección de la beneficencia corresponde al Gobierno [27].

Los artículos 7.º y 8.º definían las composiciones de las Juntas provinciales y municipales.

La pobreza debe ser objeto de control social por el peligro que comporta para gran parte de la sociedad. Para su control se crean establecimientos que, en el orden provincial, serán las casas de misericordia y expósitos, las de huérfanos y desamparados y los hospitales de enfermos.

> Las Diputaciones deben encargarse de su instalación, financiación y control a través de la Junta Provincial de Beneficencia. Posteriormente en 1866 se suprimirán las Juntas y en 1870 se otorgan plenas competencias a las Diputaciones en esta materia [28].

La situación sanitaria del país está cambiando y se reduce la mortalidad gracias a las vacunas, especialmente de la viruela y el cólera. En Ciudad Real temas particulares como la existencia de unas lagunas denominadas "Las Terreras" producen numerosas enfermedades y por ello, cuando se desecan en 1868, se reducirán notablemente las mismas [29]. La importancia de la sanidad para las diputaciones les exige una dedicación presupuestaria muy elevada. En el período 1868-1875 se destina en torno al 40% del presupuesto provincial a estos temas y en 1867 se atienden en el hospital a 576 enfermos, no militares, de los que 123 eran mujeres y en los hospitales municipales a 312 enfermos [30].

En 1857 el proyecto del arquitecto provincial Cirilo Vara y Soria adapta el antiguo convento de los carmelitas descalzos para Hospital Municipal. En 1859 redacta un nuevo proyecto con la denominación de Mejora y Ampliación del Hospital Provincial.

El proyecto de Cirilo Vara se apoya en la iglesia de los carmelitas y asume las sencillas condiciones de lo existente. La iglesia (1) y capilla junto a la sacristía (2) son los elementos básicos del proyecto con un pórtico exterior (3). La entrada actual del hospital (4) tiene una portería (5). Un patio posterior está rodeado por galerías o claustro bajo (6) con bóvedas que sirvieron para depósito de cadáveres (7). Una enfermería de mujeres (8) y otra enfermería de hombres (11) son las instalaciones que aparecen en el proyecto junto a zonas de cocina (12), corrales (13) y zona de huerta.

El proyecto consolida el cerramiento del conjunto y los jardines que rodean la iglesia con dos accesos, una fachada principal con dos plantas, un hueco central y dos ventanas a cada lado con el rótulo de Hospital Provincial en la zona superior. El otro alzado es de un lateral. Los dos brazos que prolongan la planta cuadrada albergan uno de ellos la cocina, despensa, carbonera y almacén y el otro la zona de lavadero. El edificio tiene tres plantas y rodea en dos de sus lados a la iglesia del Carmen.

> Cirilo Vara realizó en Ciudad Real la reforma y ampliación de dos de los hospitales más importantes de la provincia, el de Ciudad Real y el de Valdepeñas. Pero no puso aplicar en ellos las modernas teorías arquitectónicas que sí desarrolló en otras obras, por dos graves problemas: tener que adaptarse a un espacio ya existente y las carencias económicas. Al no tratarse de construcciones nuevas, sólo pudo trasformar dentro de ciertas limitaciones, los edificios hospitalarios... [31].

El 15 de junio de 1859 el *Boletín Oficial de la Provincia* publicaba el presupuesto de la obra proyectada por Cirilo Vara para la reforma del Hospital de la Concepción que ascendía a 2030 reales y 92 céntimos [32]. Entre las actuaciones previstas estaba la demolición de la tapia medianera con la Escuela Normal. Las obras que se adjudicaban en julio de ese año se ejecutaron con rapidez y el 29 de agosto Cirilo Vara y el segundo teniente de alcalde reconocían las obras concluidas y ejecutadas conforme al presupuesto [33].

Las fotografías de época muestran la situación de la iglesia del convento del Carmen con cubierta a dos aguas y una fachada de acceso con tres huecos en la planta baja, una hornacina con la imagen de la Virgen del Carmen y balcón superior. Dos muros sobresalen en los laterales de su frente rematados con forma curvada y salientes

1915-1920. Imagen El Arca de Noe

En la página siguiente. Proyecto de Cirilo Vara. 1859. ADPCR

PROYECTO

DE

ampliacion mejora y reparacion del hospital provincial establecido en el ex-convento de Carmelitas descalzos extramuros de

CIUDAD-REAL

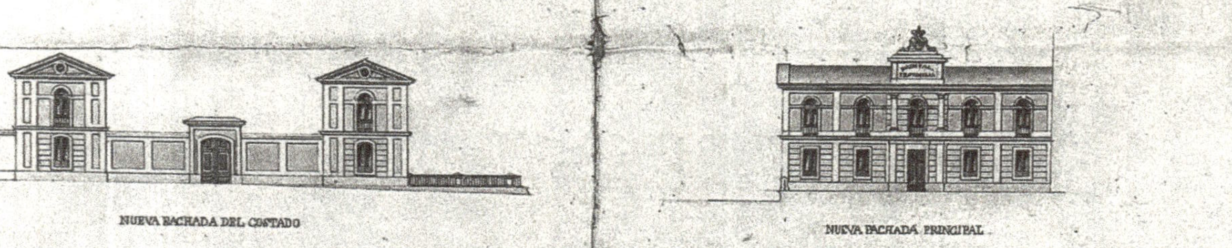

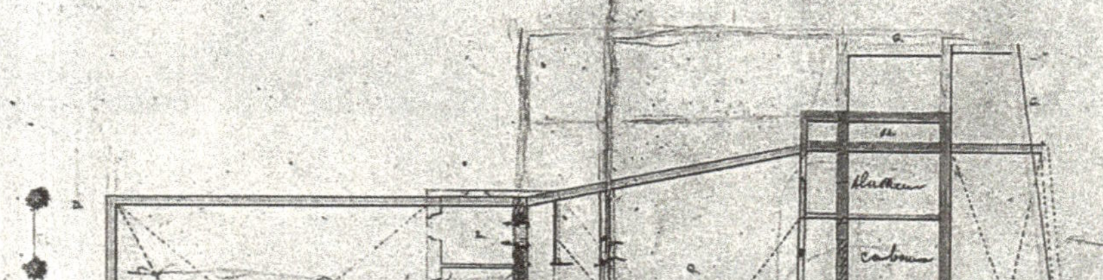

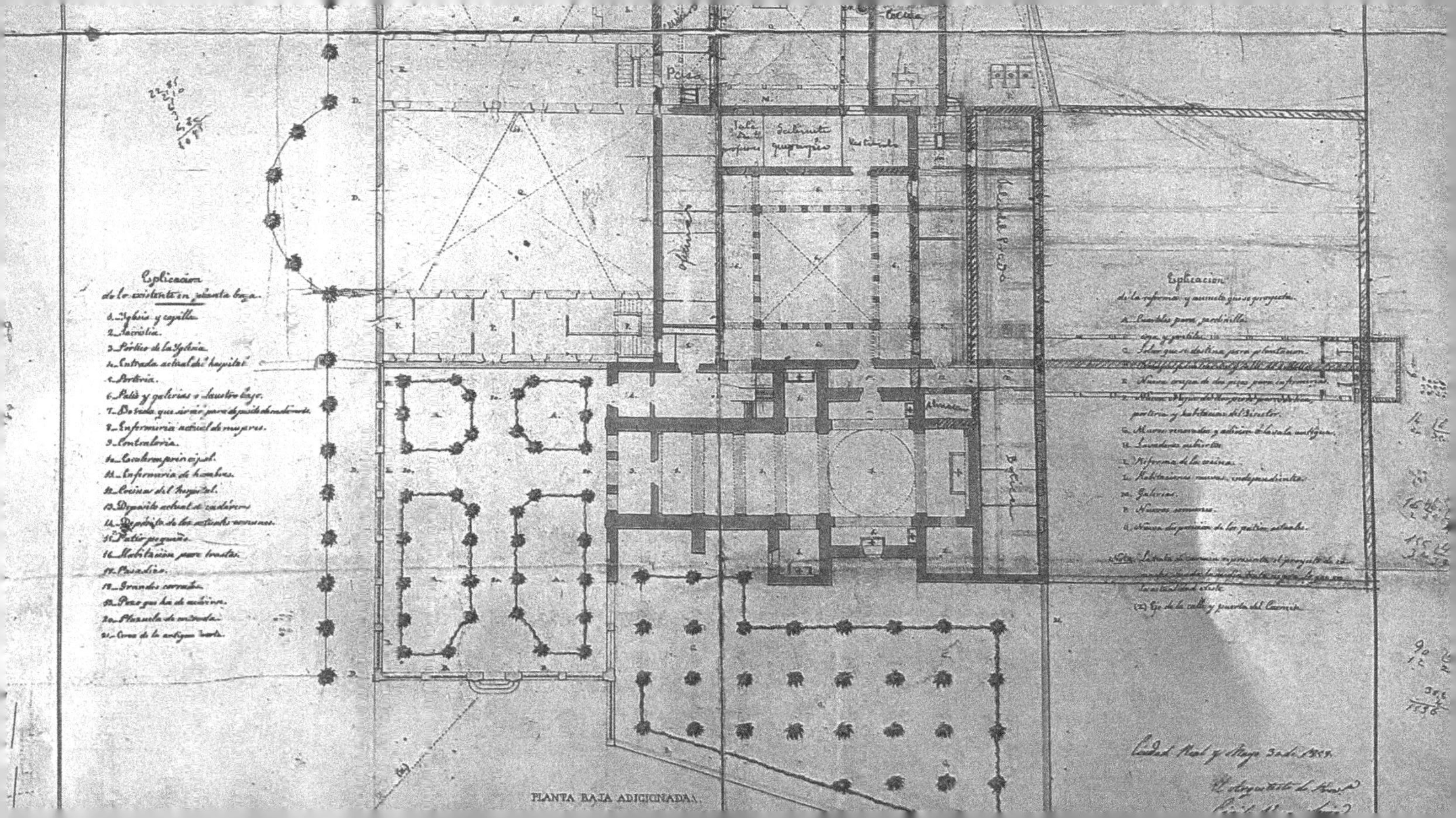
Esplicacion
de lo existente en planta baja.
1. Iglesia y capilla.
2. Sacristía.
3. Pórtico de la Iglesia.
4. Entrada actual del hospital.
5. Portería.
6. Patio y galerías o claustro bajo.
8. Enfermería actual de mujeres.
9. Contaduría.
10. Escalera principal.
11. Enfermería de hombres.
12. Cocinas del Hospital.
13. Depósito actual de cadáveres.
15. Patio pequeño.
17. Pasadizo.
20. Plazuela de entrada.
21. Cerca de la antigua huerta.
Esplicacion
de la reforma y aumento que se proyecta.
Botica
PLANTA BAJA ADICIONADA.

la iglesia del convento del Carmen en una fotografía Julián Alonso

realizados con el ladrillo. Un cuerpo de planta cuadrada sobresale a cada lado antes del espacio del presbiterio. El cuerpo del presbiterio sobresale con planta cuadrada y cubierta a cuatro aguas y dos cuerpos laterales salientes. La iglesia está rodeada en su lado mayor y en el del presbiterio por el edificio de tres plantas que conforma el hospital.

El espacio del hospital está próximo a la antigua muralla que va desapareciendo a lo largo de los años. Cuando en 1878 se apruebe el nuevo trazado de la Directa, trascurrirá por la ronda del Carmen, en el límite del recinto hospitalario. Una servidumbre que permanecerá todavía hasta 1935. La obra ejecutada por la Cía. CRB de la línea Madrid-Ciudad Real directa, acortaba en casi 100 km la distancia

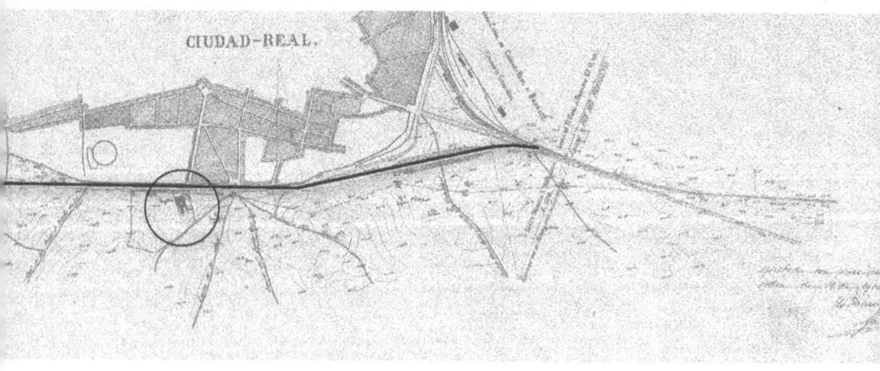

Plano del ferrocarril CRB a su paso por Ciudad Real. A.G.A.

del recorrido por Alcázar de San Juan y penetraba a la capital por el oeste (variante Oeste). La Estación Nueva se situaba junto al parque Gasset.

El plano de 1877 que presenta el paso por Ciudad Real de la línea directa Madrid-Ciudad Real presenta el edificio del Carmen con la planta de la iglesia y del hospital en ese momento.

Cuando se produzca la absorción de la CRB por MZA se eliminará la variante Oeste y se ejecutará un nuevo trazado por el este hasta la estación de MZA, dando continuidad a los trazados de las líneas de Madrid y de Alcázar hacia Badajoz. Se mantuvo una línea muerta de conexión con la Estación Nueva unos cuantos años, hasta 1955. El documento de permuta de los terrenos se realiza entre la Compañía de los ferrocarriles MZA y la Excma. Diputación de Ciudad Real con fecha 13 de Octubre de 1891.

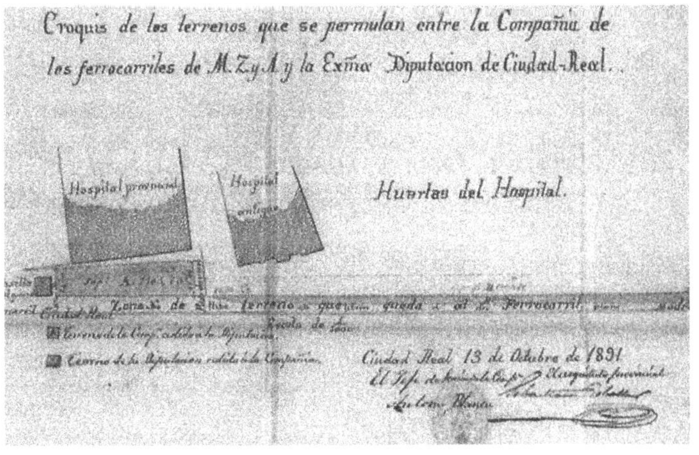

Croquis de terrenos que se permutan entre MZA
y la Diputación de Ciudad Real. ADPCR

El solar que ocupa el hospital va necesitando nuevas superficies que poco a poco va adquiriendo la Diputación Provincial para plantear el crecimiento necesario del edificio hospitalario. En uno de los planos del solar se representa la iglesia con el jardín de entrada y una serie de espacios que se identifican como patios y corrales.

El edificio hospitalario está aislado de la ciudad con la barrera del ferrocarril en su parte delantera. Un paso a nivel obliga a cruzar la ronda del Carmen para llegar al punto de acceso del conjunto como

Hospital Provincial._Manicomio

Escala de 0,004

Cobertizo.

Patio tendero.

Lavaderos.

Patio (217)

Corral

Corral

Patio principal. 100

Iglesia.

Jardin de entrada.

Huerto.

muestran las fotografías de época. En el otro margen de la ronda todavía se mantienen en pie algunos lienzos de muralla.

La Restauración y la Dictadura (1875-1931).
El proyecto de Vicente Hernández
A finales del siglo XIX la Diputación es la referencia provincial como institución asistencial. Pero la situación

> de los centros es de una gran penuria debido a la escasez de los fondos destinados a su funcionamiento. Ante la escasez de recursos se propondrá mantener los escasos fondos sin subirlos y reducir de 250 a 200 los acogidos en el Hospicio a la vez que recortar los gastos del Hospital[34].

Las dificultades del propio edificio llevan a proponer que se habiliten las habitaciones que la corporación tenía en la calle Caballeros, proponiendo una ampliación del edificio del Hospital[35]. La ley provincial de 1882 establece las competencias de la Diputación Provincial entre las que están:

> Creación y conservación de servicios que tengan como fin la comodidad de los habitantes de la provincia y el fomento de sus intereses morales y materiales, tales como establecimientos de beneficencia o de instrucción, caminos, canales de navegación y de riego, y de toda clase de obras públicas de interés provincial, así como concursos, exposiciones, y otras instituciones de fomento.

En 1887 se plantea una ampliación de servicios que, junto a la mejora de la situación económica, propicia una ligera recuperación. En este último tercio del siglo XIX comienzan su actividad en nuestro país las facultades de Medicina y se produce un impulso en el campo de las ciencias biomédicas y de las ciencias naturales[36].

La Memoria del proyecto redactado en 1880 por el arquitecto Vicente Hernández decía:

> Siendo insuficiente para las necesidades de nuestra provincia el actual Hospital, y careciendo este en parte de las condiciones necesarias de un establecimiento de esta especie, a pesar de los

En la página anterior. Solar inicial del Hospital. ADPCR

"FIESTA EN EL HOSPICIO DE CIUDAD REAL. El Director de los establecimientos de Beneficencia D. José María Marín y demás asistentes que presenciaron la adjudicación de los cuatro dotes de 123 pesetas que correspondieron á las asiladas mayores de 14 años, que aparecen sentadas en primer término". *Vida Manchega*, 10.04.1913

> cuidados, trabajos y desvelos de su Director Don D. Sancho para sacar todo el partido posible de aquel edificio utilizado pero no construido con aquel objeto, se pensó desde luego en satisfacer tan atendible necesidad agregando dependencias, mejorando sus condiciones, aumentar salas, o hacer construcciones separadas que llenasen el objeto [37].

Para ello se hace la propuesta de adquirir el terreno adyacente para ubicar en él las edificaciones necesarias. Se propone un edificio de planta cuadrada, de 60 x 60 metros (3600 metros cuadrados totales),

con dos alturas, con cuatro escaleras en cada una de las esquinas que supondrían 160 nuevas plazas y una inversión de 197 101 pesetas [38].

> La distribución es sencilla; cuatro crujías a cada uno de los lados del rectángulo los cuales tienen de ancho o luz siete metros que permiten las maderas empleadas en las cubiertas y formando cuerpo con dichas crujías las galerías de circunvalación y servicios quedando en el centro un desahogado patio jardín tan necesario de las mejores condiciones higiénicas del establecimiento y destinado a paseos de convalecientes. Se considera dividido en dos partes por medio de un eje paralelo de su principal fachada. La primera que llamaremos anterior destinada a dependencias generales y

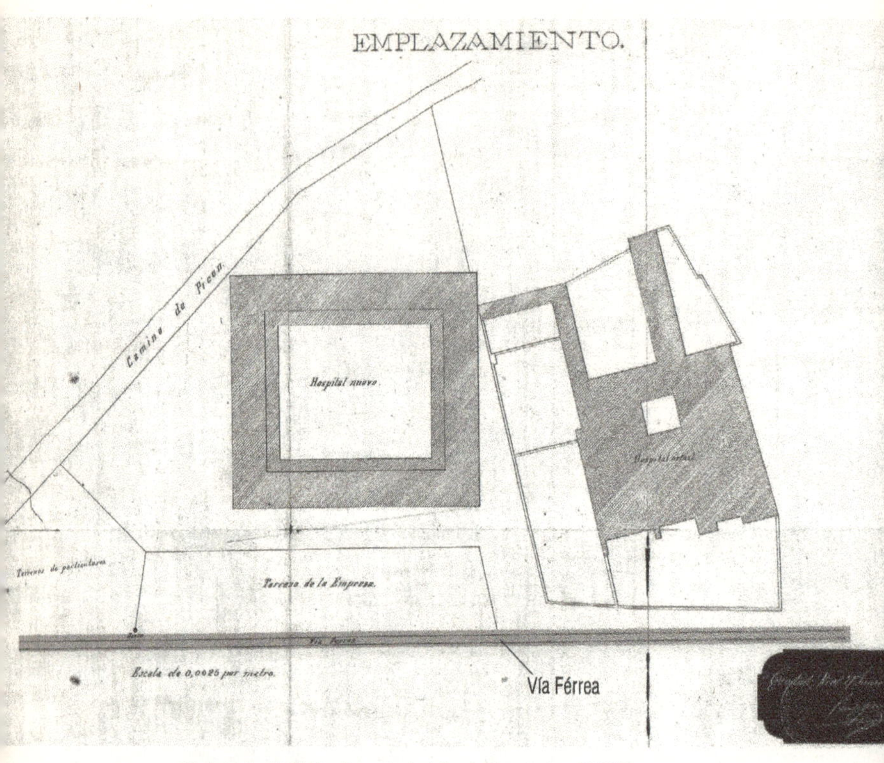

27 de junio 1880. Emplazamiento. Vicente Hernández. ADPCR

> necesarias del hospital propiamente dicho y la segunda o posterior completamente separada es destinada a los enajenados...[39].

Las obras se van desarrollando lentamente a lo largo de los años y el primer proyecto de ensanche del hospital referido a su cimentación es de 1880[40], el segundo de 1881, el tercero de 1881, el cuarto de 1883, el quinto de 1885 y el sexto de 1886.

La distribución de plazas es significativa de la mentalidad del momento: "En la planta principal las salas de cirugía y oftalmología para distintos sexos, gabinetes de practicantes y enfermeras y habitaciones independientes para enfermos distinguidos...". Se prevén plazas para enajenados: 32 para hombres y 32 para mujeres, 4 para enfermos distinguidos hombres y 4 para mujeres y cuatro plazas para "furiosos" hombres y mujeres con un total de ochenta plazas. En la zona de hospitalización 18 plazas de hombres y 18 de mujeres en cirugía,

PLANTA BAJA.

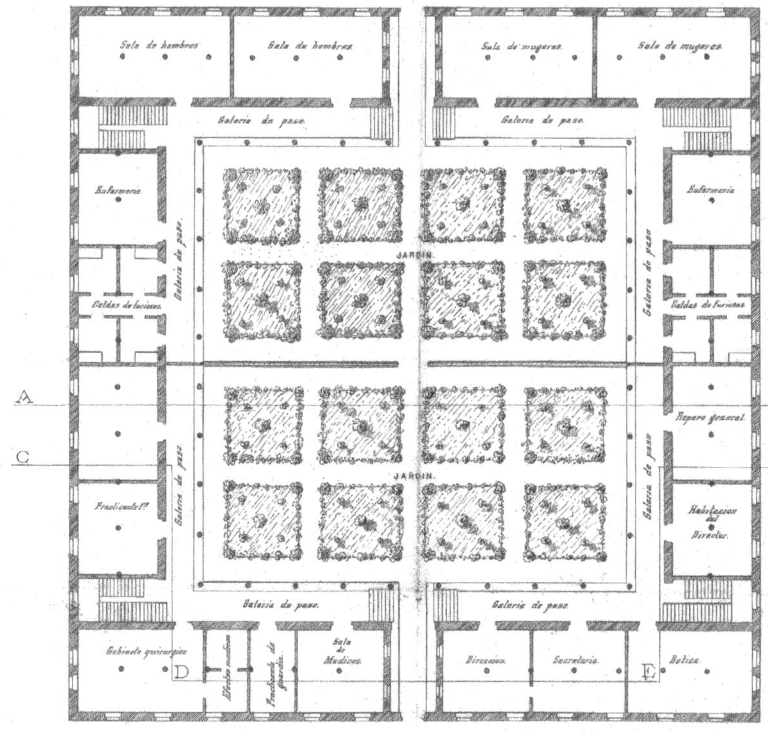

Escala de 0,005 por metro.

1880. Proyecto de Vicente Hernández. ADPCR

otras 16 en oftalmología y 4 para hombres y mujeres distinguidos, con un total de ochenta plazas.

El hospital tenía así un total de 160 plazas. La Memoria inicial y un alzado de la fachada (1880) están firmados por Vicente Hernández. Hay dos planos que siguen la distribución indicada en esta Memoria si bien pocos años después, las dos plantas, con fecha de 1887, aparecen firmadas por Sebastián Rebollar[41] que en ese momento es arquitecto municipal de Ciudad Real. En la nueva distribución de Rebollar se reserva la planta baja completa para enajenados con el patio interior y un patio posterior del edificio y la planta superior para cirugía y oftalmología. En los planos iniciales un pequeño edificio exterior en

PLANTA PRINCIPAL.

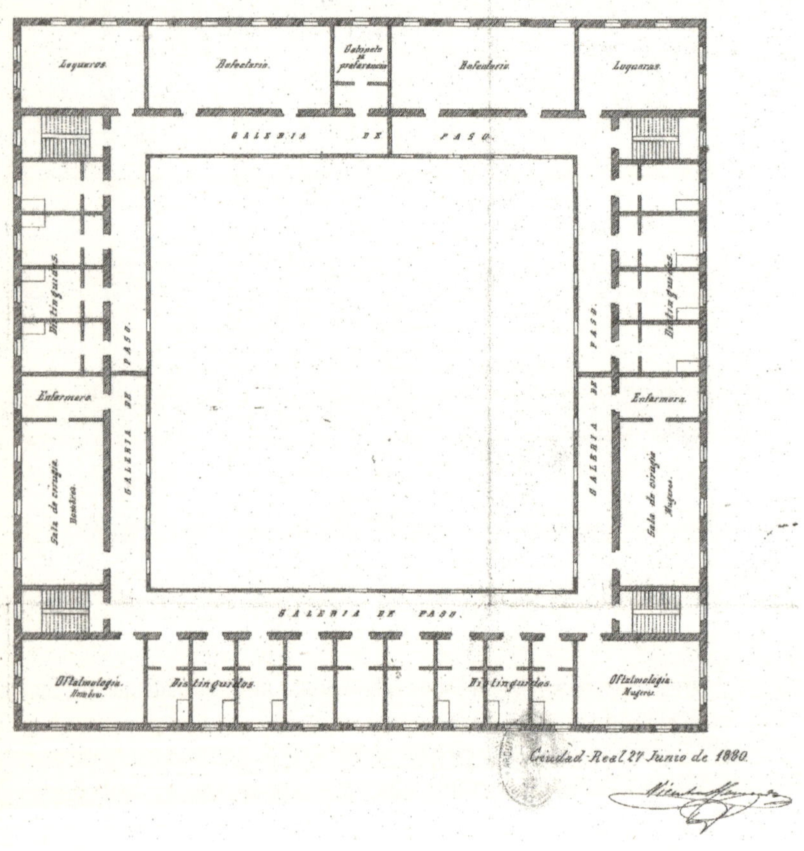

1880. Proyecto de Vicente Hernández. ADPCR

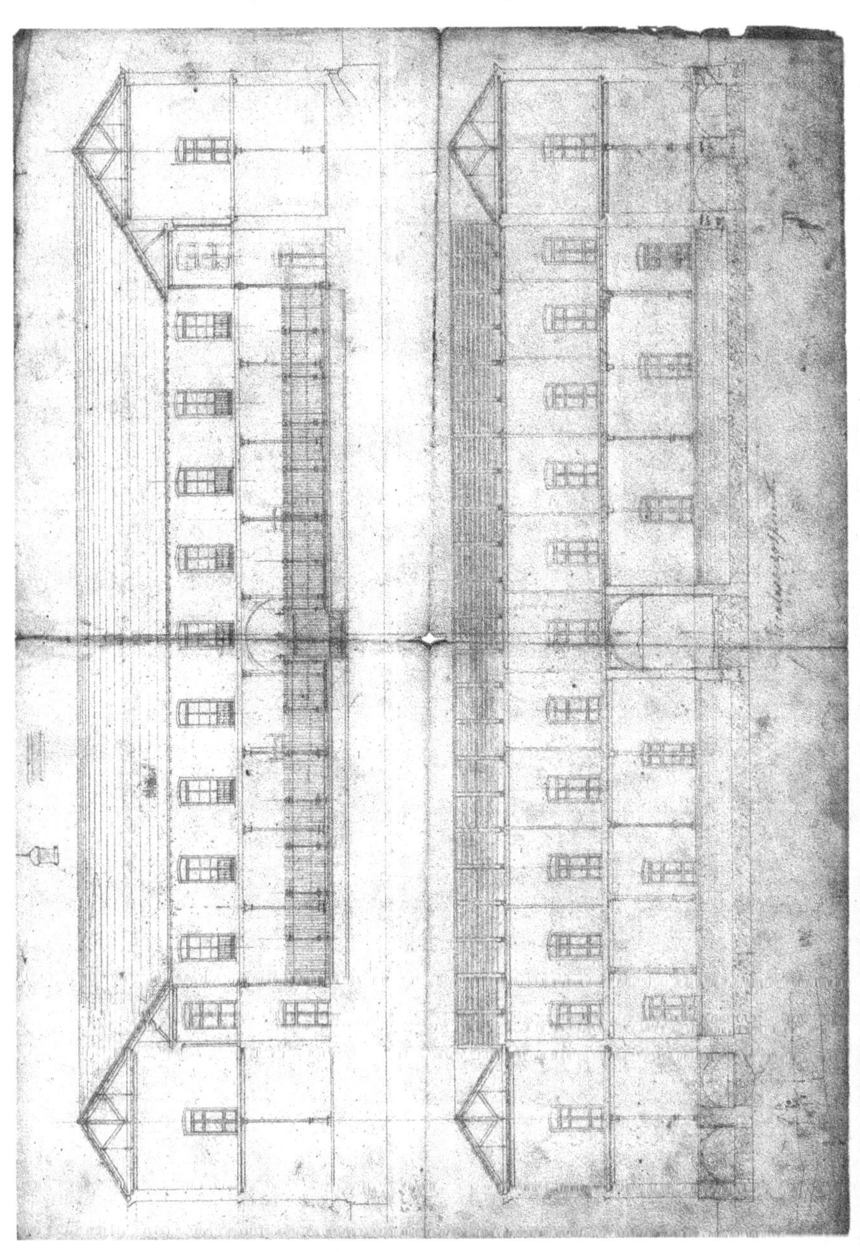

1880 Secciones (Croquis). Proyecto V. Hernández. ADPCR

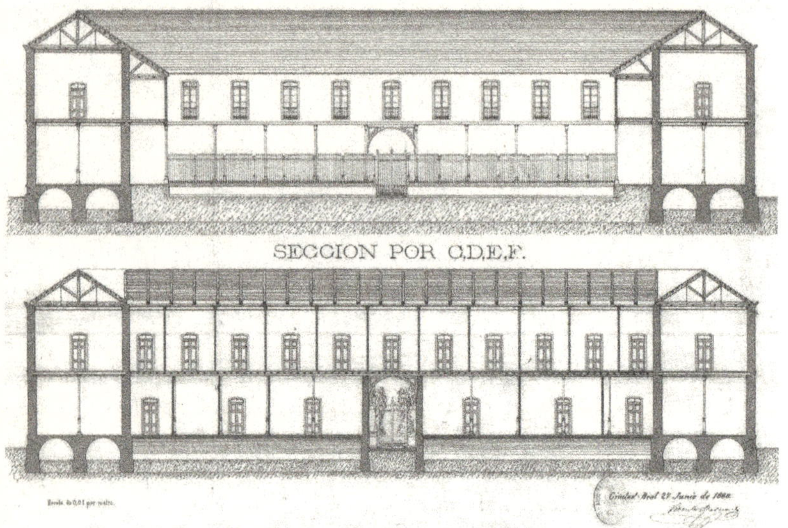

1880. Secciones. Proyecto V. Hernández. ADPCR

1880. Fachada del edificio. ADPCR

su parte derecha que se rotula como nueva cocina y se comunica con el edificio de nueva planta por una galería.

Ya, en la planta de situación de 1880, se señala el paso de la vía férrea en su zona delantera, con las diferentes propiedades de la empresa o de particulares. Una servidumbre que permanecerá durante décadas estableciendo una barrera en el frente del conjunto hospitalario.

El edificio se resuelve con una tipología clásica de un cuadrado de 60 x 60 metros (3600 metros cuadrados) que deja en su interior un patio de 1240 metros cuadrados con lo que resultan 2360 metros cuadrados construidos. Los espacios exteriores tienen una luz de casi 8,50 metros con un muro de carga que divide las estancias externas y las galerías que dan al patio (posteriormente se cerrarán y ocuparán para nuevos usos). Los huecos situados a ritmos regulares dan como resultado una composición austera y de ritmos equilibrados.

Una descripción de este "Nuevo Hospital", nos la facilita en su portada el periódico *Diario de la Mancha*, en su número del miércoles 28 de julio de 1909:

> Siempre que nos aproximamos a un establecimiento oficial, recordamos la conocida frase: "Nadie pase sin hablar al portero".
>
> Traspuestos los umbrales del benéfico establecimiento, el portero conversa con dos guardias civiles...
>
> Cuando terminó la filiación de la entrada, rogamos a aquel que nos acompañase a las salas en busca de un enfermo. Teníamos el propósito de verlo todo, estábamos seguros de lograrlo, con un poco de habilidad por nuestra parte. Y comenzamos a desplegar la habilidad, con unas interrogaciones...
>
> Subimos unas escaleras anchas, limpias, por las que entra la luz en lluvia abundantísima, y ya en la galería de la planta superior del edificio comenzamos a visitar las salas. La de Nuestra Señora del Prado, de cirugía, destinada a las mujeres, tiene dispuestas 20 camas. La de San Rafael, de enfermedades de la vista, también para mujeres, 12. Estas salas comunican al exterior con vistas a la vía férrea y con el interior al jardín.
>
> En la galería lateral, de la izquierda, está la sala de distinguidos, con tres camas. En la actualidad está desocupada. Seguidamente se encuentra el ropero; un local amplio, cuadrado, con grandes estanterías totalmente llenas de ropa de todas clases, destinadas a los enfermos...

Patio de desahogo para enagenadas.

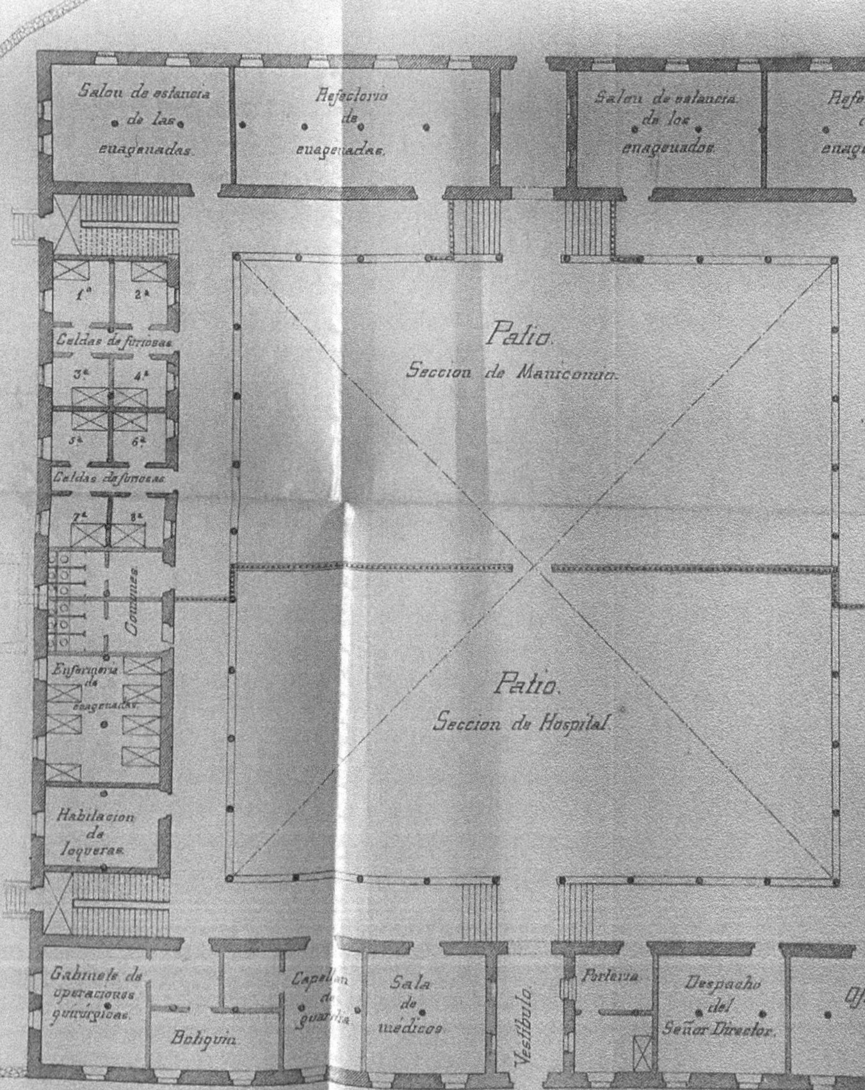

PLANTA BAJA.

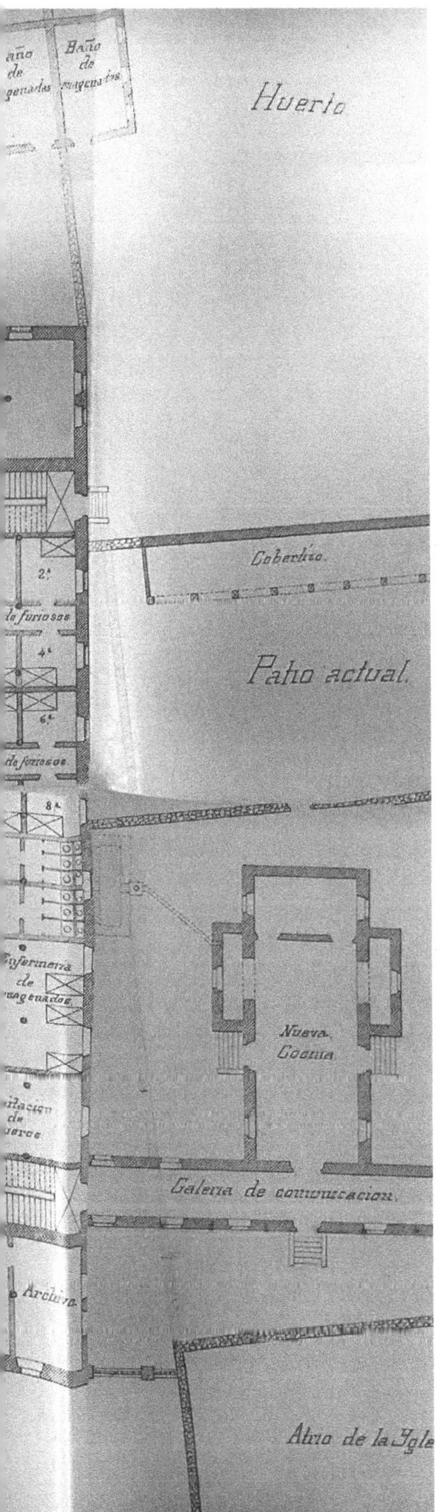

A continuación de esta dependencia encontramos la sala de San Joaquín, para mujeres, con ocho camas, y después la de San José, mixta, para militares de todas clases.

En la galería del lado opuesto está la sala de operados, con cuatro camas, y otra de operadas, con tres. Lindante con estas se halla la del Carmen, de cirugía, para hombres, con 20 camas.

Todas las galerías dan vistas al jardín, un jardín cuidado con esmero, y la luz llega a torrentes, de esta parte, penetrando por siete grandes ventanas, uniformes, que son las que tiene cada una de las galerías del edificio.

Descendamos a la planta inferior. A la ligera, para acabar cuanto antes, visitamos las salas de San Agustín, La Purísima y Santa Teresa, de enfermedades de la vista la segunda y medicina las otras dos, para hombres las dos primeras y la última para mujeres, con 28, 20 y 24 camas respectivamente.

Es la hora de la comida: los enfermos comen bien y suficientemente; todos ellos se muestran satisfechos, tanto de la calidad como de la condimentación de los alimentos que les sirven.

... hizo girar una puerta y penetramos en el Museo de disecaciones. Allí están expuestos infinidad de ejemplares curiosos, que traen a la memoria el dolor y la desgracia; pies amputados, manos piernas, brazos, pechos, variedad de fetos, etc., etc. En el centro de esta dependencia, en una gran vitrina, vemos infinidad de herramientas de cirugía, cortantes y

1880. Planta baja de la ampliación del hospital. Proyecto inicial. ADPCR

Practicantes del Hospital Provincial de Nuestra Señora del Carmen de Ciudad Real.
Vida Manchega, 18.07.1912

punzantes, de todas clases, a cuya contemplación se nos pone carne de gallina y sentimos escalofríos.

Y, así pensando llegamos a la sala de operaciones... En la sala de operaciones se encuentra una cama de operaciones, moderna, de complicado mecanismo, que facilita la colocación del enfermo en numerosas posiciones. Muy cerca, una mesa de mármol, palanganeros, irrigadores portátiles y otros menesteres de la sala. A un extremo, sobre otra mesa, lepas, espéculums, sondas, etc.

Son operadores los Sres. Fernández Alcázar, Torres Moreno de la Santa y Martín Serrano, los cuales según nos manifestó el practicante llevan hechas desde el mes de Noviembre del año último hasta la fecha actual más de cien operaciones quirúrgicas, entre ellas una sola que resultase desgraciada, y téngase en cuenta que se practicaron laparotomías, toda clase de amputaciones, recepciones de huesos y articulaciones, y delicadas operaciones de ojos y en los aparatos garganta, nariz y oídos [42].

En estos años Vicente Hernández y Zanón realiza en Ciudad Real el proyecto del Palacio Episcopal que se comenzó a construir en 1883.

> El actual edificio fue construido sobre la llamada Casa de las oficinas, cedida al Obispado en 1881. Una fachada de ladrillo visto con elementos puntuales de piedra con una composición austera y equilibrada. En la actualidad, parte del edificio, está destinada al Museo Diocesano inaugurado el 10 de marzo de 1990. Ya en la restauración del edificio, en 1978, se planteó dejar libre la planta baja para albergar colecciones de arte religioso. El Museo ocupa dos amplias salas y un patio[43].

Hernández y Zanón proyectó también el edificio del Seminario situado en la calle Postas y actualmente desaparecido. El edificio se construyó sobre el solar del Huerto del Moral y la primera piedra se colocó en 1882, inaugurándose en 1887. El edificio mantuvo su uso durante 74 años hasta su traslado al edificio proyectado por Carlos Sidro de la Puerta en la carretera de Porzuna.

Las reformas de los años ochenta

El proyecto de Vicente Hernández de 1880 se desarrolla lentamente a lo largo de seis años con unas obras que completaban la actuación en 1886.

Curiosamente en 1885 aparecen proyectos de Cirilo Vara que definen un conjunto de espacios en la entrada de la planta baja: portería, dirección y sala de practicante y de médicos y el resto de los espacios están ocupados por grandes salas continuas con galerías perimetra-

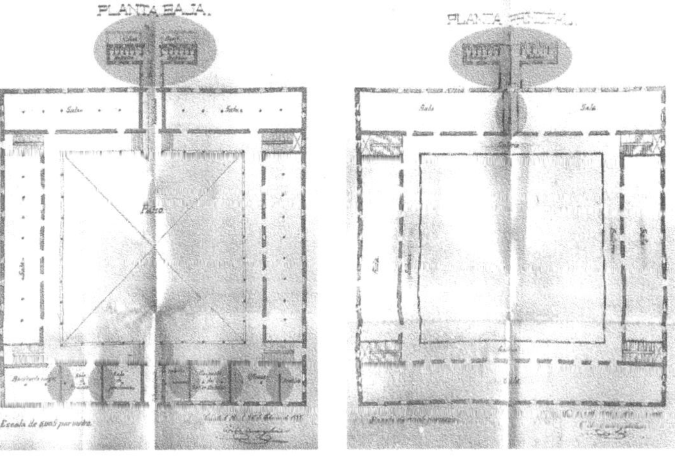

1885. Proyecto de Cirilo Vara, planta baja y principal

les. Se mantienen las cuatro escaleras de las esquinas y se añade un núcleo de servicios al fondo separado del edificio principal. Las zonas remarcadas, en los planes anteriores, parecen indicar que se trata de una modificación sobre el proyecto previo.

En estos años, Rebollar ha trabajado también en un posible proyecto con propuestas muy similares que repiten la planta cuadrada con el gran espacio central libre. La documentación de 1886 firmada por Rebollar plantea ya algunos cambios en el edificio.

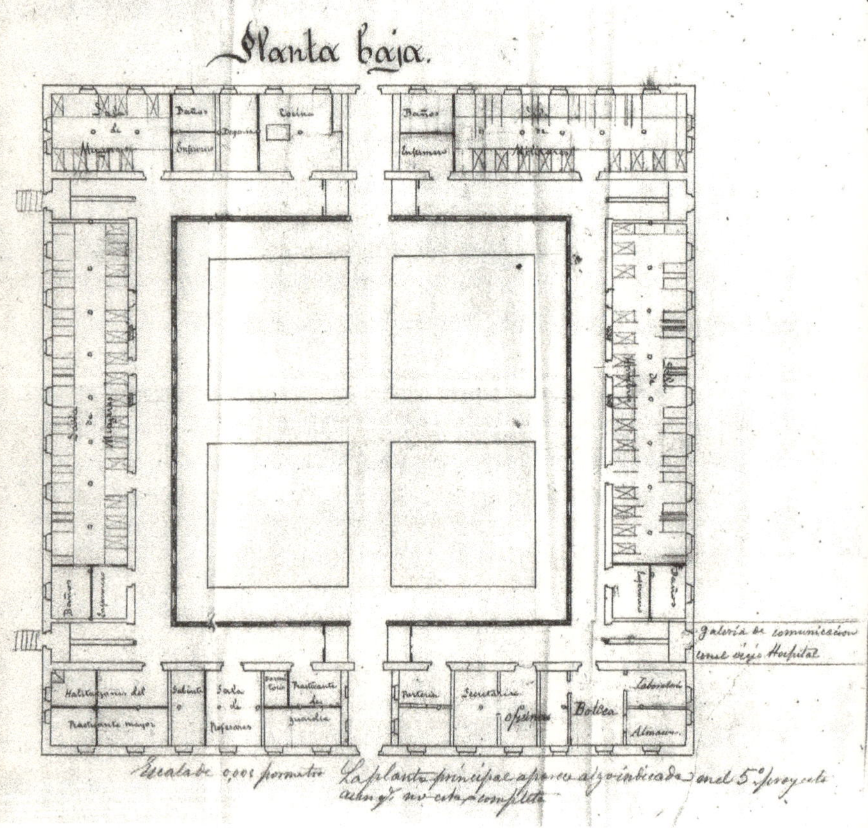

Rebollar 1886. ADPCR

Años después, Rebollar plantea una nueva organización del conjunto. En los planos de Rebollar la planta baja está totalmente ocupada para enajenados y la primera se divide en dos mitades, una de ellas para hombres y otra, para mujeres, dedicada a cirugía y oftalmología. Se ha pasado de una distribución en vertical a dividir el edificio en sus dos plantas con dos nuevas escaleras en el centro de estas que dan acceso independiente a cada una de las zonas. Se amplía la zona superior con un cuerpo saliente destinado a lavadero y tendedero de ropa. Un saliente en su zona central posterior se destina a servicios. Las distintas salas se rotulan como zonas de mujeres, hombres y militares. Los dos cuerpos principales se dividen para despachos, salas de practicantes y médicos y los dos laterales y las salas del fondo a la derecha se mantienen como grandes espacios para camas de enfermos.

Otro problema diferente es el planteado en el área de la psiquiatría. "Dos Reales Decretos de 27 de junio y 19 de diciembre de 1864 disponían que las provincias habilitaran en los hospitales, locales para establecer dementes, mientras tanto el Gobierno unía recursos para construir los proyectados manicomios o encargaba sostener su mantenimiento"[44]. La circular de 27 de julio de 1870 obligaba a las provincias a pagar el mantenimiento del demente y otra Real Orden de 29 de febrero de 1876 lo ratificaba.

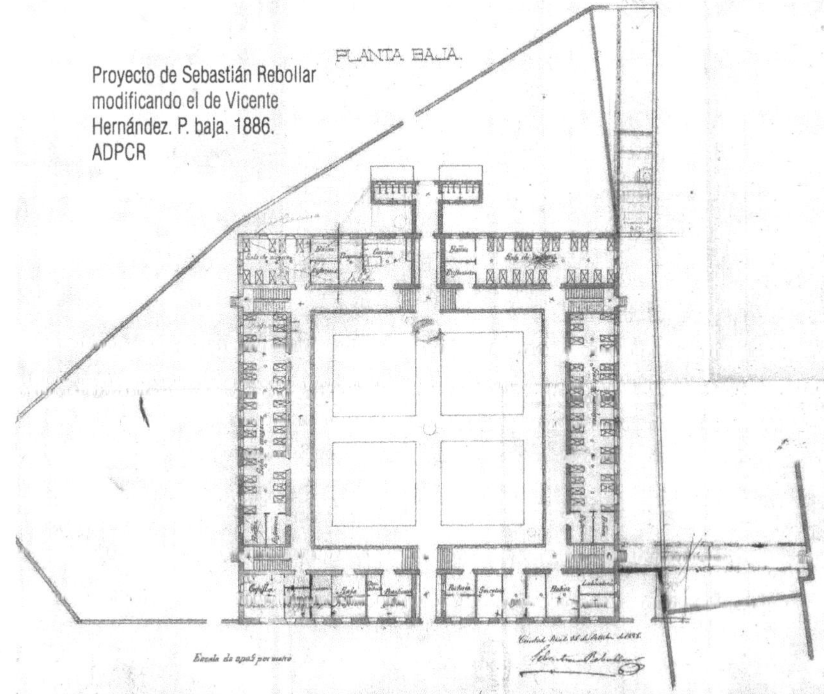

Proyecto de Sebastián Rebollar modificando el de Vicente Hernández. P. baja. 1886. ADPCR

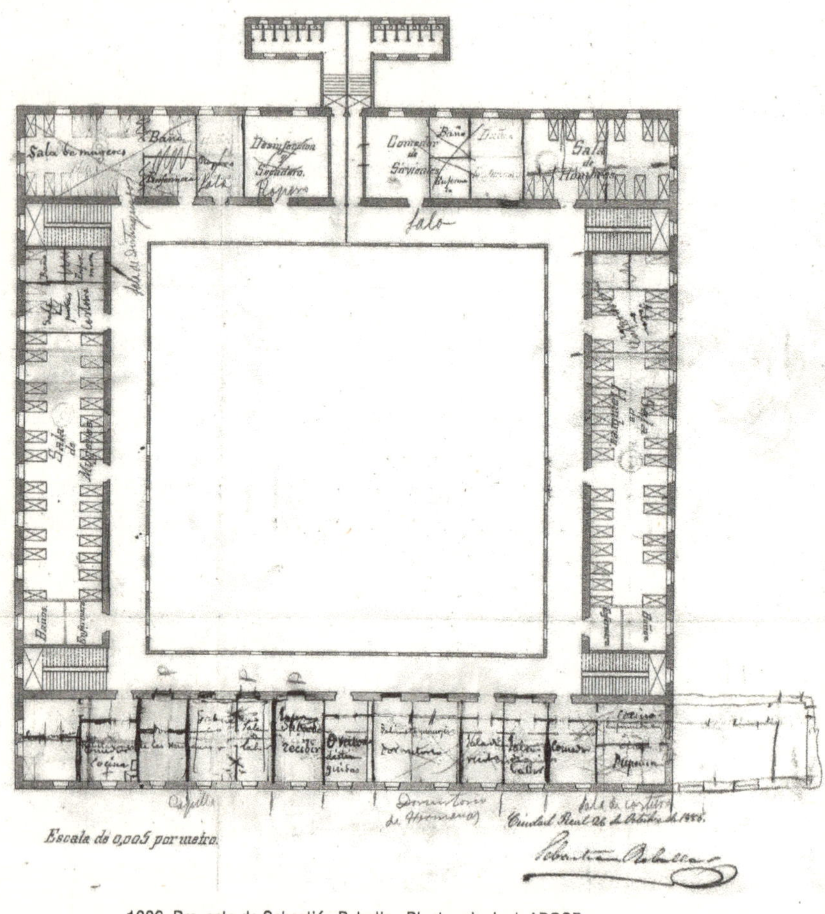

1886. Proyecto de Sebastián Rebollar. Planta principal. ADPCR

En alguno de los croquis de 1886 se estudia una división en dos zonas del edificio colocando dos escaleras en el centro para dar servicio individualizado a cada una de las partes. La sección dibuja la posibilidad de tener tres plantas en el edificio reduciendo las alturas interiores de alguna de ellas.

En 1887 el hospital estaba integrado básicamente por dos edificios: el antiguo convento del Carmen rehabilitado para enfermedades contagiosas y un nuevo edificio construido en 1887 que albergaba 171 camas. El problema de atención a los dementes seguía sin resolverse.

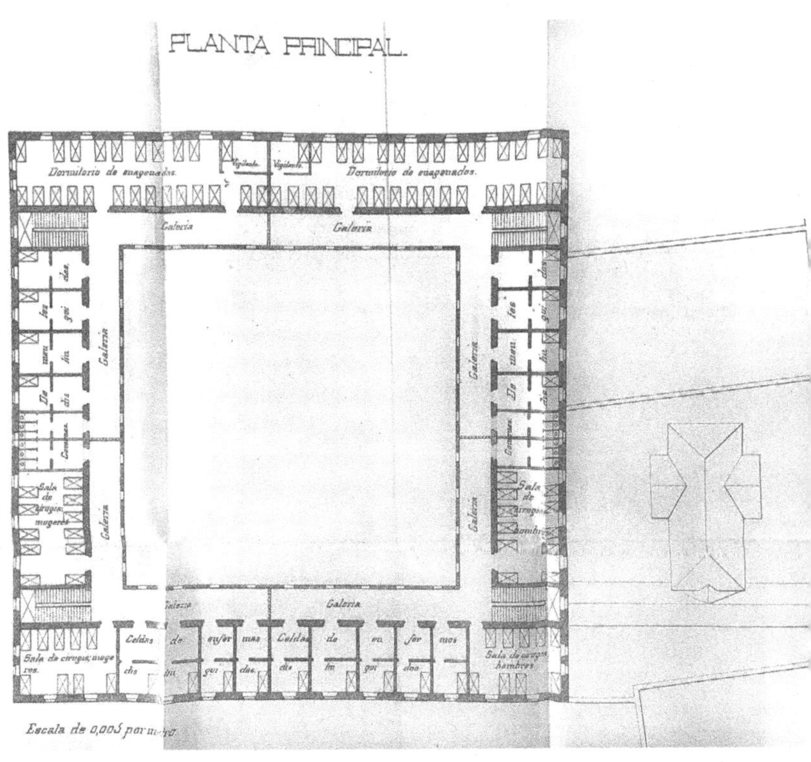

1886. Proyecto de Sebastián Rebollar. Planta Principal. ADPCR

De 1888 hay un conjunto de planos que plantean la ampliación y renovación de la zona original del convento del Carmen como manicomio. La planta del nuevo desarrollo define un edificio que continua los dos brazos que tenía la instalación, perpendiculares al cuerpo de la iglesia. Esta prolongación se cerraba por un cuerpo trasversal que completaba así un nuevo patio de planta rectangular de 22x10 metros. Se proyectaban nuevas escaleras en la mitad de los dos nuevos brazos lineales y en el centro del cuerpo rectangular de cierre final.

Las secciones indican la existencia de tres alturas en algunas de las zonas y de dos en otras de las partes del edificio. Un proyecto que no debió llevarse a cabo tal y como demuestran las imágenes de las primeras décadas del siglo XX que siguen presentando el hospital del Carmen con su trazado original con algunas pequeñas ampliaciones.

Rebollar fue un arquitecto que, en sus veinte años de ejercicio profesional, ha dejado una huella importante en la provincia de Ciudad

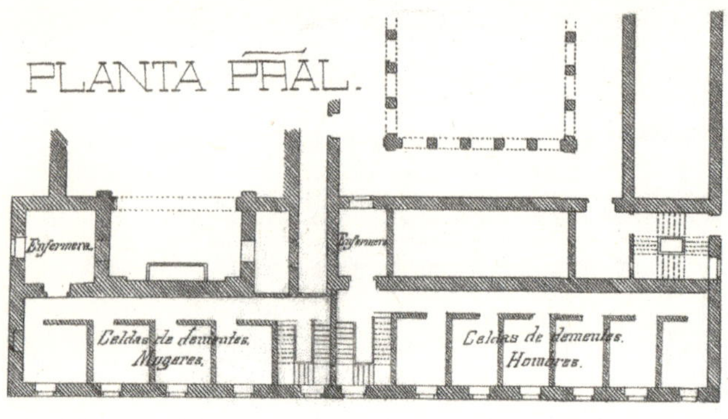

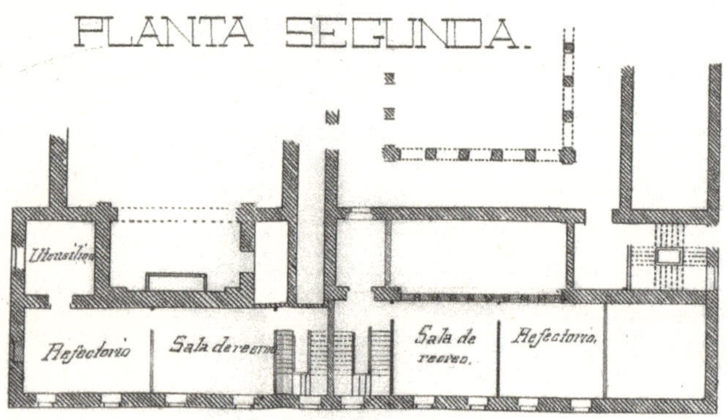

Escala de 0,005 por metro.

Ciudad Real 26 de Octubre de 1886.

1886. Rebollar. Reformas en planta primera y segunda. ADPCR

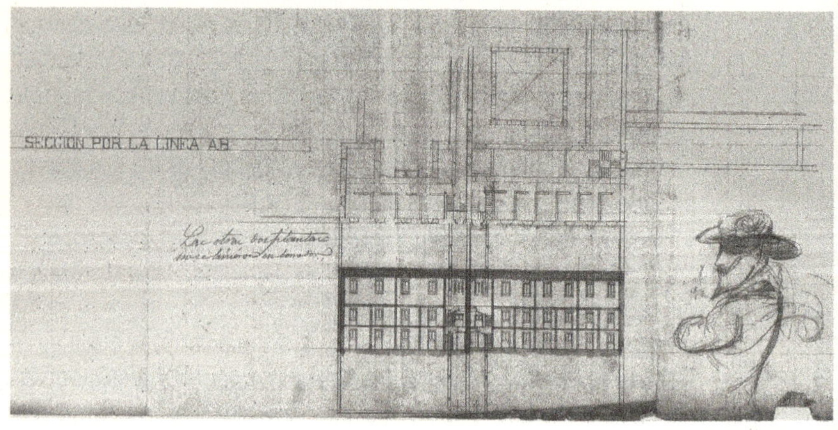

1886 Proyecto de manicomio provincial [45]. ADPCR

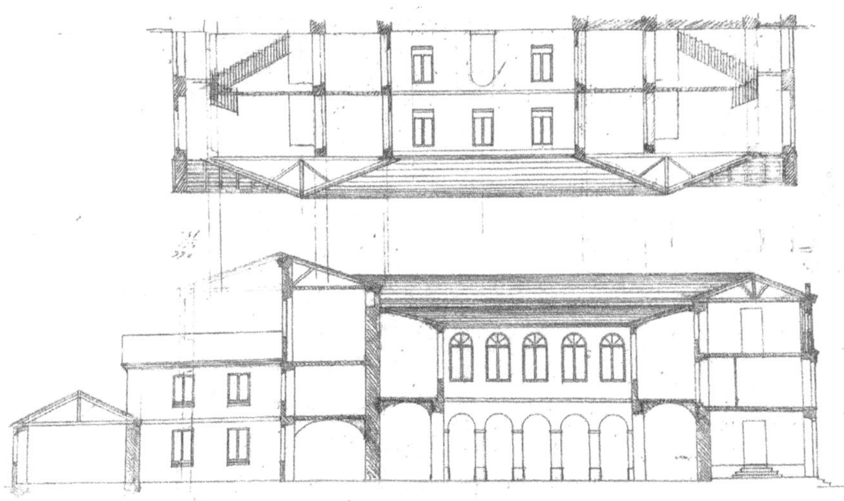

1888. Proyecto de manicomio provincial. ADPCR

Real con importantes obras. En un espacio singular de la ciudad, cerca de los jardines del Prado, Rebollar va a construir los primeros proyectos que desarrolla en la ciudad: el Casino y la Academia General de Enseñanza. En 1889 recibió el encargo del proyecto para la Diputación Provincial y la obra se terminará cuatro años después en 1893.

Si la arquitectura de Rebollar se define con la consideración de su ubicación urbana como elemento esencial, en la plaza del Pilar, sus construcciones no solo tienen en cuenta el espacio urbano, sino que lo definen y configuran. Los tres edificios que proyecta a finales del siglo XIX y principios del siglo XX van a conformar la realidad urbana de este espacio de la ciudad: el palacete de Barrenengoa, el Banco de España y el Círculo de la Unión. Tres proyectos separados entre sí 12 años que son una buena muestra del eclecticismo presente en la obra de Rebollar[46].

En Ciudad Real la visita del diputado Ruiz Márquez en 1889 reseña el estado de los pabellones de dementes señalando que carecían de las condiciones de habitabilidad más urgentes. No había hermanas de la Caridad destinadas en el edificio, carecía de director de unidad y se impedía la visita a los enfermos. Todo ello con una situación de castigo y trato inhumano a los enfermos por parte de los enfermeros[47].

A finales del siglo, al edificio no se habían destinado ni tan siquiera hermanas de la Caridad, y los enfermos no recibían ningún tipo de visitas durante buen número de meses. No había director de la unidad y, como consecuencia, la indisciplina entre los dementes y entre los enfermeros, que cuando no desaparecían para dedicarse a otras tareas se dedicaban a castigar y golpear inhumanamente a los internos, era patente. Como resultado del informe de Ruiz Márquez la Diputación decidirá contratar a un médico y dos enfermeros mejorando en una mínima medida las condiciones [48].

Los planos del solar ocupado por el hospital en 1889 señalan los terrenos que se han ido adquiriendo a diferentes propietarios para ampliar su superficie [49], pero hasta 1911 no se comenzarán las actuaciones para construir un edificio destinado a manicomio.

A lo largo de estos años se realizan numerosas reformas y reparaciones. Desde 1888 a 1906 la cuenta justificada de gastos va reflejando, año a año, las actuaciones y pequeñas obras realizadas. En 1888, puertas falsas por un importe de 71,35 pesetas; en 1889, la división de la sala de San José por 287,65; en 1890, la construcción de la sala de autopsias y depósito de cadáveres, por un importe de 801,24 pesetas, y la modificación de la sala de San Rafel por 216,25 pesetas. En 1895 se realizan mejoras del departamento de mujeres dementes y, en 1897, se replantan los setos exteriores.

> Tres van a ser los principales establecimientos de beneficencia a cargo de la Diputación Provincial de Ciudad Real a lo largo de la Restauración: la Casa de Misericordia u Hospicio Provincial, anterior en su ubicación a la Restauración y embrión de las atribuciones de Beneficencia a la Diputación, en segundo lugar la Casa de Expósitos-Maternidad, base del control del nivel de pobreza desde las más tempranas edades, y en tercer y último término, el Hospital de Nuestra Señora del Carmen (Hospital provincial) que tras su ampliación en 1887 se consolidará como elemento de atención sanitaria por excelencia y en la unidad más importante de la sección de Beneficencia, circunstancia que ya es claramente observable desde principios del siglo XX [50].

A partir de 1880 se acuerda la unificación de todos los establecimientos de Beneficencia y la creación de una Junta de Inspección al objeto de controlar la situación económica de estas instalaciones. En

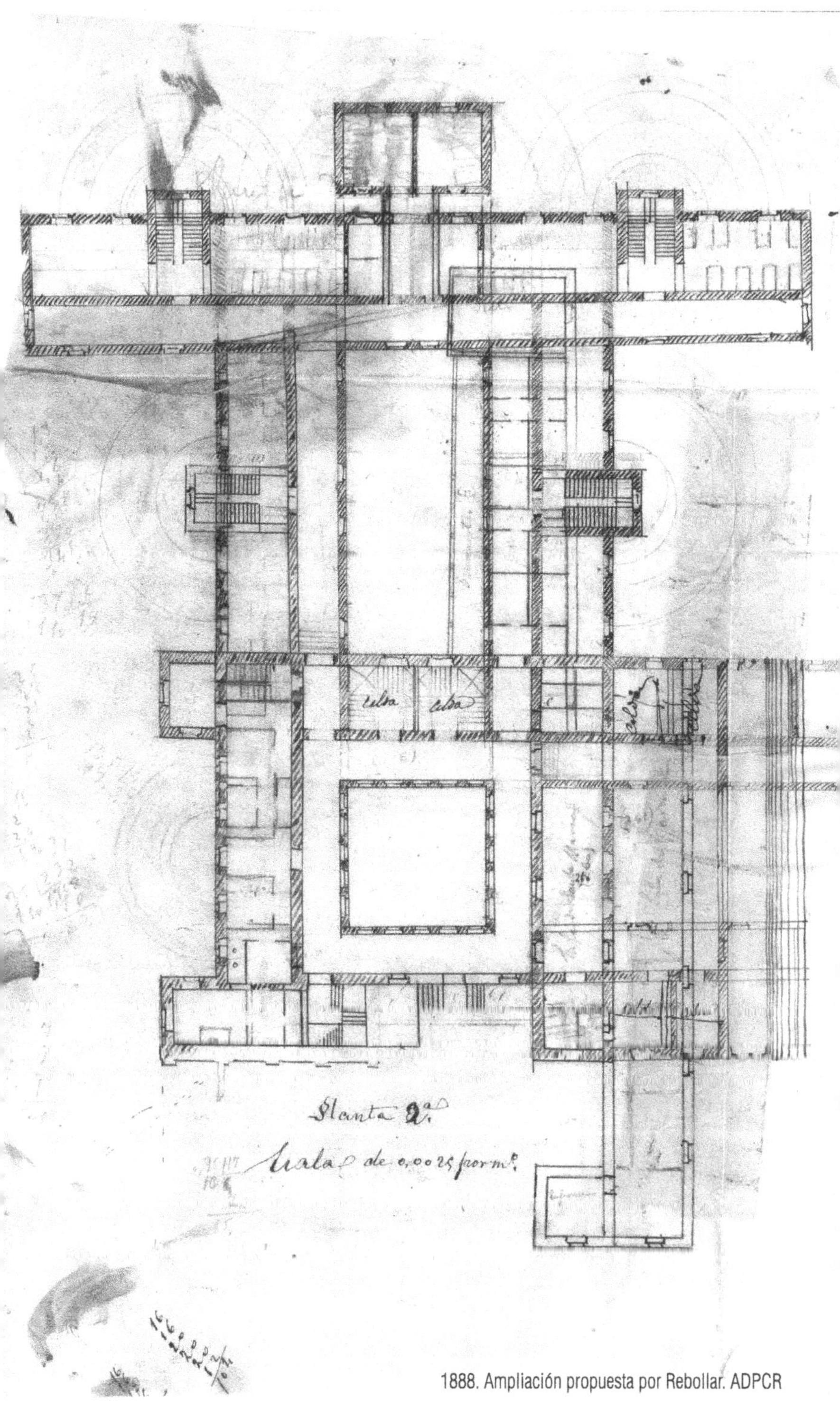

1888. Ampliación propuesta por Rebollar. ADPCR

1881 se aprobó el Reglamento del Hospital Provincial para ordenar la situación de gastos y funcionamiento de este. De hecho, los gastos el hospital se mantienen constantes, en torno al 40% del presupuesto provincial en las décadas finales del siglo XIX. El crecimiento se producirá en la etapa de la Dictadura que quería dar cobijo a las "capas menesterosas" y que amplía de forma notable los presupuestos de la Beneficencia. Inversiones que suponen el 50% del presupuesto provincial en el que los gastos superan ampliamente los ingresos de la institución[51].

De 1888 hay un proyecto firmado por Sebastián Rebollar (ver página anterior) que planteaba una ampliación del hospital del Carmen prolongando dos de sus brazos lineales y construyendo una pieza transversal para conformar un segundo patio de planta rectangular.

El siglo XIX ha mantenido en sus elementos esenciales el hospital del Carmen regentado por los carmelitas. La iglesia sigue siendo elemento definidor del conjunto y el proyecto de Cirilo Vara rehabilita antiguas instalaciones apoyándose en uno de los laterales de la

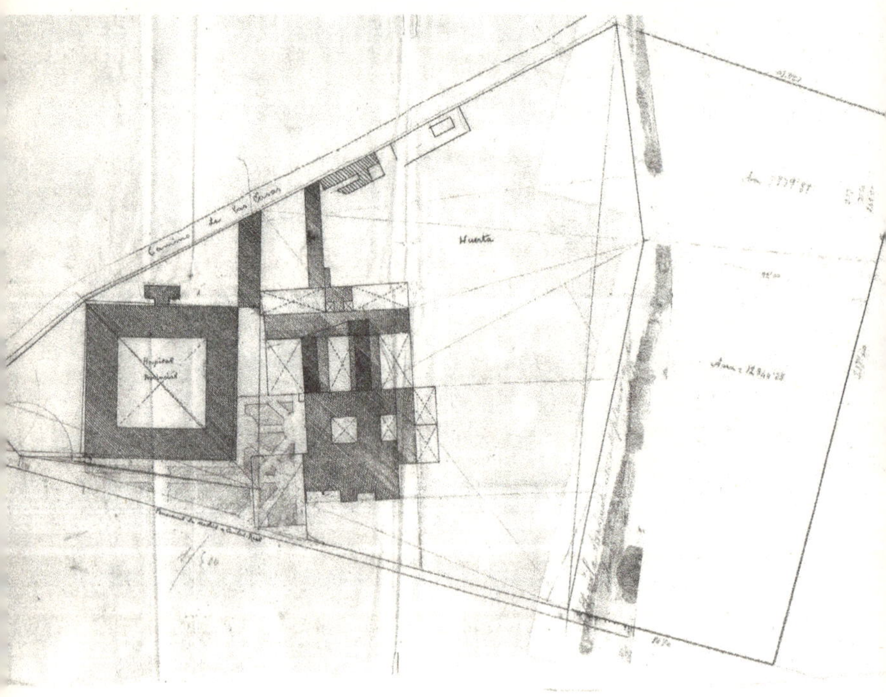

1888. Emplazamiento

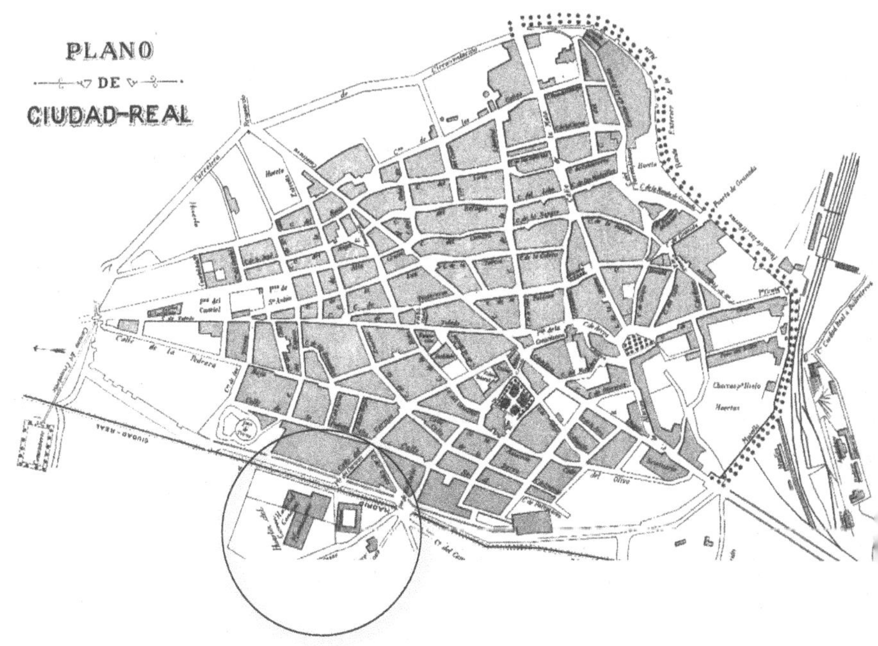

Plano de Ciudad Real. 1905. Julián García IC y GC.

iglesia con estructura de patio central que se extiende en dos ramas verticales en sus extremos.

El proyecto de Vicente Hernández establecerá un nuevo elemento también de planta cuadrada con la solución de las galerías que recorren el perímetro interno para dar acceso a las diferentes dependencias situadas en su perímetro exterior. Rebollar realizará pequeños cambios de distribución tanto en la ubicación de los servicios en plantas como en algunos espacios interiores. Poco a poco la superficie del solar ocupado por las instalaciones va creciendo, aunque limitado en uno de sus lados por la presencia del Camino de Las Casas y en otro, desde 1878, por la línea del ferrocarril. El acceso al conjunto hospitalario atravesaba la línea férrea de la línea directa Madrid- Ciudad Real existiendo para ello una valla con un paso a nivel con guarda que existía una vez pasada la puerta del Carmen.

El esquema de evolución en los tres momentos 1860-1878-1897 muestra estos cambios con la permanencia del referente original de la iglesia del Carmen.

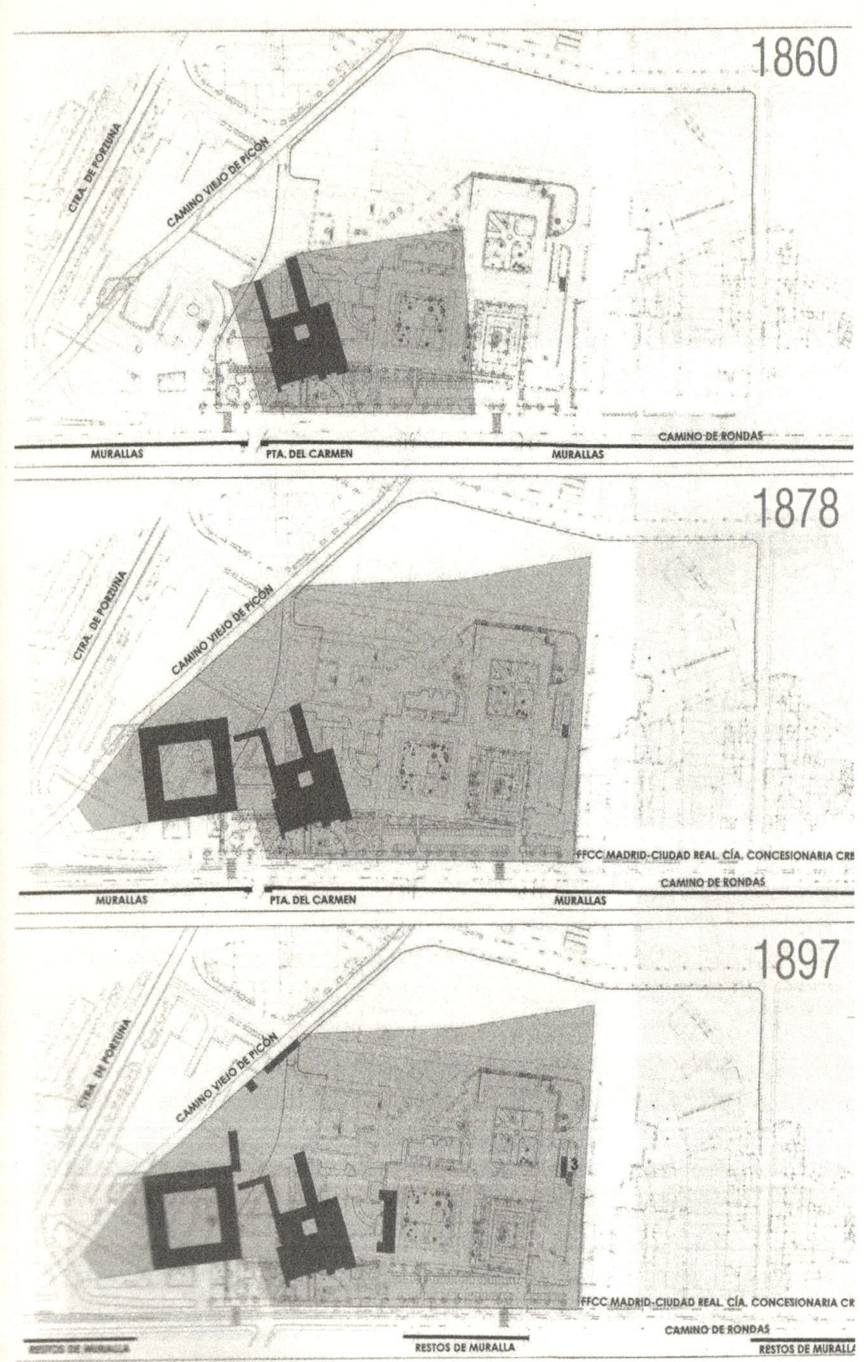

Esquema de la evolución, 1860-1878-1897. Alejandro Moyano

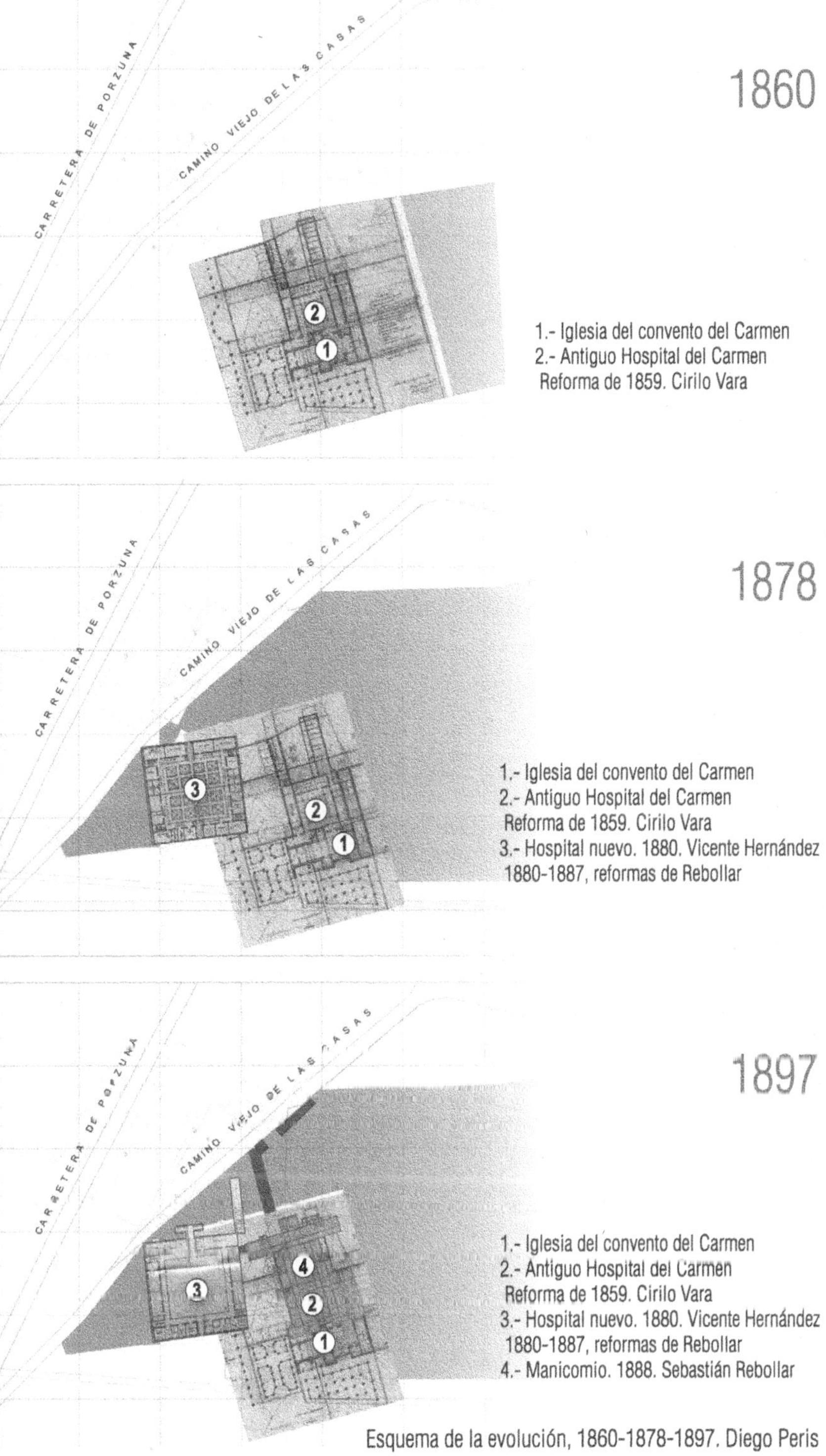

Esquema de la evolución, 1860-1878-1897. Diego Peris

Fachada del Hospital Nuevo

20 Madoz, Pascual, 1987. *Diccionario geográfico-estadístico-histórico de España y sus posesiones de ultramar.* Valladolid, 1845, edición facsímil de 1987, Ediciones Ámbito y Junta de Comunidades de Castilla-La Mancha, p. 345.

21 http://elsayon.blogspot.com/2018/10/el-desaperecido-monasterio-de-los.html

22 Clemente, Domingo, 1869. *Guía de Ciudad Real.* Ciudad Real, Establecimiento tipográfico de Cayetano C. Rubisco.

23 Herrero Vior, Prudencio, 1950. p. 14.

24 Asin Vergara, Rafael, 1999. "Marco legislativo y evolución económica" en VVAA, *Historia de la Diputación Provincial de Ciudad Real, (1835-1999).* Ciudad Real, 1999, Diputación Provincial.

25 Valle Calzado, Ángel Ramón del y Villena Espinosa, Rafael 1999. "Diputación y estado liberal (1833-1874)" en VVAA, *Historia de la Diputación provincial de Ciudad Real (1835-1999).* Ciudad Real, pp. 105-146, Diputación Provincial.

26 Peris Sánchez, Diego, 1999. "El Hospital del Carmen y la atención sanitaria en Ciudad Real", en VVAA, *25 años de escuela de enfermería en Ciudad Real.* Ciudad Real, 1999, Universidad de Castilla-La Mancha, pp. 365-390, p. 370.

27 *Gazeta de Madrid.* 24 de Junio 1849.
https://www.boe.es/datos/pdfs/BOE//1849/5398/A00001-00002.pdf

28 Ley provincial de 20 de agosto de 1870.

29 Toledano, José María, 1868. *Sermón de acción de gracias al Todopoderoso por la desecación de las mortíferas lagunas tituladas Los Terreros.* 1868, Ciudad Real.
En el borde de la ciudad, entre la ronda y el recorrido del ferrocarril, unos terrenos que fueron denominados las Terreras por estar destinados a la extracción de piedra para la construcción de diferentes edificios de la ciudad. Abandonados y convertidos en charcas representaban un grave problema para la salud. Con la llegada del ferrocarril se consiguió una actuación singular con la derivación de un ramal y se rellenaron los terrenos convirtiéndolos en una zona verde con abundante arbolado: el Campo de la Libertad.

30 *Anuario Estadístico de España,* 1870, pp. 280-281.

31 Moya García, Concepción, 2013. *Cirilo Vara y Soria (1820-1885), primer arquitecto provincial, La influencia del panóptico carcelario en Ciudad Real,* Ciudad Real Biblioteca de Autores Manchegos n.º 185, p. 60.

32 *Boletín Oficial de la Provincia de Ciudad Real,* 15 de junio de 1859.

33 AHMCR documento 1432. Expediente de subasta y remate de las obras que han de ejecutarse en el Hospital de la Concepción, 7 de junio-29 de agosto de 1859. Moya García, Concepción, 2013, pp. 63-64.

34 Archivo Diputación Provincial de Ciudad Real (ADPCR). Libro de Actas del Pleno 12 de abril de 1877, leg. 462.

35 ADPCR Libro de Actas del pleno 10 de abril de 1885, leg. 650.

36 Sánchez Ron, José Manuel. *Cincel, martillo y piedra. Historia de la ciencia en España siglos XIX y XX.* Madrid, 1999, Taurus, p. 51.

37 1880. *Proyecto de ensanche del Hospital.* ADPCR, Arquitectura y obras. Registro 32. La memoria aparece firmada por Vicente Hernández.

38 El plano de 1883, Hospital provincial. Manicomio a escala 0,004; dibuja la iglesia, el patio huerto, el jardín de entrada. ADPCR, Arquitectura y obras. Registro 30.

39 ADPCR, Arquitectura y obras. Reg. 37. La memoria inicial está firmada por Vicente Hernández.

40 El proyecto de 1880 es de cimentación del edificio. Planos de cimentación en ADPCR, Arquitectura y Obras. Registro 28.

41 ADPCR, Arquitectura y obras. Reg. 40.
Sebastián Rebollar y Muñoz nació en 1852 en Fuentihoyuelo (Valladolid). Fue arquitecto municipal de Ciudad Real desde 1886 a 1902. El 18 de enero de 1886 es nombrado arquitecto municipal honorario e interino con una asignación de 1250 pesetas para gastos de escritorio y dibujo. Desde diciembre de 1903 fue arquitecto provincial en sustitución de Florián Calvo, cargo que ocupó hasta su muerte en 1907. Falleció en Ciudad Real el 28 de enero de 1907, a los 54 años, después de 20 años de ejercicio profesional.

42 Martín Aguirre, Antón, *El desaparecido Nuevo Hospital provincial de Nuestra Señora del Carmen.* http://elsayon.blogspot.com/2018/10/

43 Peris Sánchez, Diego. 2017, *Espacios y tiempos en Ciudad Real. La ciudad interior.* Ciudad Real, Serendipia, p. 72.

44 Márquez Moreno, María Dolores. 1989. *La asistencia psiquiátrica en Castilla-La Mancha durante el siglo XIX.* Toledo, 1989, Junta de Comunidades de Castilla-La Mancha, Monografías n.º 9, p. 78.

45 En el plano se indica que las otras dos plantas no se hicieron en borrador.

46 Peris Sánchez, Diego, 2019. "Rebollar arquitecto del palacio" en VVAA *El palacio provincial y su época*, Ciudad Real, Diputación Provincial, pp. 77-104.

47 Peris Sánchez, Diego, 1999, p. 372. ADPCR, Libro de Actas del Pleno del 3 de abril de 1889, leg. 654.

48 Cayuela Fernández, José Gregorio y Abad González, Pedro. 1999. "La Restauración y la Dictadura (1871-1931)", en *Historia de la Diputación Provincial de Ciudad Real (1835-1999).* Ciudad Real, Diputación Provincial, pp. 147-185, p. 159.

49 ADPCR. Arquitectura y Obras. Registro 28. En estos planos se señalaba la huerta de don Ceferino Pareja.

50 Cayuela Fernández, José Gregorio y Abad González, Pedro. 1999, p. 152.

51 Cayuela Fernández, José Gregorio y Abad González, Pedro. 1999, p. 153-150
Se hace un análisis de los gastos por años y de las partidas principales de los mismos centradas en víveres y combustible (50%), personal (25%).

"CIUDAD REAL. Niñas que perciben el socorro de lactancia por la Junta local de Protección á la Infancia y Represión de la mendicidad, con su médico director D. José Montoya, aconsejando a las madres de los pequeñuelos, la fórmula que han de practicar, para el mejor desarrollo de sus hijos...". *Vida Manchega*, 10.11.1916

3 LOS COMIENZOS DEL SIGLO XX

A principios de siglo, en 1908, el gobernador civil elabora un informe que es una clara referencia del estado de las instalaciones hospitalarias en ese momento:

> El Hospital situado en el NW. Extramuros cercanos de esta capital, lo componen dos edificios. El primero, o sea el más moderno fue construido por la Diputación Provincial en el año 1887 siendo la superficie cubierta de 44 áreas y 76 centiáreas (4.476 m^{2}a lo que habría que unir los patios); se han verificado varias mejoras en el año último: la sala de operaciones con todos los requisitos recomendados por la ciencia. Consta de quince salas de diversas capacidades, las cuales contienen 171 camas y de ellas siete para practicantes y enfermeros, y además las habitaciones o clausura de las Hijas de la Caridad, existen también departamentos para ropero, despensa, almacén, cocina y otras dependencias y asimismo la oficina y despachos. Hay un diputado visitador, un director, que comprende todos los establecimientos y un Interventor.
>
> El otro edificio, donde está la iglesia es el antiguo convento del Carmen, comprende la superficie cubierta de 57 áreas y 60 centiáreas (aparte de patios y una huerta adquirida por la Diputación de 4 hectáreas). Fue cedido para Hospital Provincial de toda clase de enfermedades y posteriormente, desde hace 13 años, solo se aplica para las enfermedades contagiosas y para el departamento de la observación de los dementes. Contiene ocho salas de distintas capacidades con 115 camas y de ellas seis para enfermeros y sirvientes...[51].

En la página anterior. 1907. Sala de operaciones del Hospital Nuevo

Hay pues, en este momento, una infraestructura integrada por dos construcciones de diferente época y que se destinan a diferentes funciones: un edificio construido sobre el antiguo convento del Carmen reservado para enfermedades contagiosas y observación de dementes y uno segundo, levantado en 1887, que tenía capacidad para 171 camas.

Ya en estos momentos trabajan en el Hospital entre 30 y 40 personas, además de las religiosas, lo que suponía un importante avance sobre los 20 reseñados en el Reglamento de 1881. Para el mantenimiento del Hospital están las Hermanas de la Caridad, profesores y maestros.

Las primeras décadas del siglo

En el siglo XX continúan las pequeñas reformas de cada año. En 1900, proyecto de nueva cocina por 721,64 pesetas, en 1901 la reparación de lavaderos, retretes y tejados (252 pts.), el blanqueo de cielos rasos (277,50) y la reparación de las cubiertas de las galerías del patio central del manicomio (217,45). Los tejados se vuelven a reparar en 1903 (1766,35) año en que se habilita una sala como clínica de enfermedades de mujeres y en 1904 se establece una sala para el Instituto de vacunación (592,28 pts.). En 1905 se realiza un silo para el desagüe de lavaderos (320,79 pts.) y en 1906 se construyen varias celdas para dementes (1187,25). Un conjunto de pequeñas obras firmadas todas ellas por Sebastián Rebollar, arquitecto provincial en estos años[53].

La imagen de 1907 (ver página 74) muestra una sala de operaciones del Hospital Nuevo construido en 1887 y que según la Memoria de 1908 "reunía todos los requisitos recomendados por la ciencia"[54].

En 1911 se estudia un anteproyecto para la construcción de un manicomio redactado por el arquitecto provincial. En 1912 la asistencia pública provincial llegaba a 679 camas sobre una población de 379 674 habitantes en la provincia, es decir una cama por cada 560 personas. En la Memoria de 1912 se señala cómo el 80% de los enfermos atendidos por los servicios de salud provinciales lo son por los servicios de la Diputación Provincial. El Hospital está presente en la vida ciudadana y por ello la publicación de la revista *Vida Manchega* refleja su actividad y de modo muy especial su vinculación religiosa a la advocación de la Virgen del Carmen. El año 1912, el periódico publica una imagen del hospital[55] y al año siguiente, 1913, recoge la

"Pruebas verificadas en la huerta del Hospital con el arado de desfonde sistema Guval, para la adquisición proyectada por esta Diputación". *Vida Manchega*, 12.12.1912

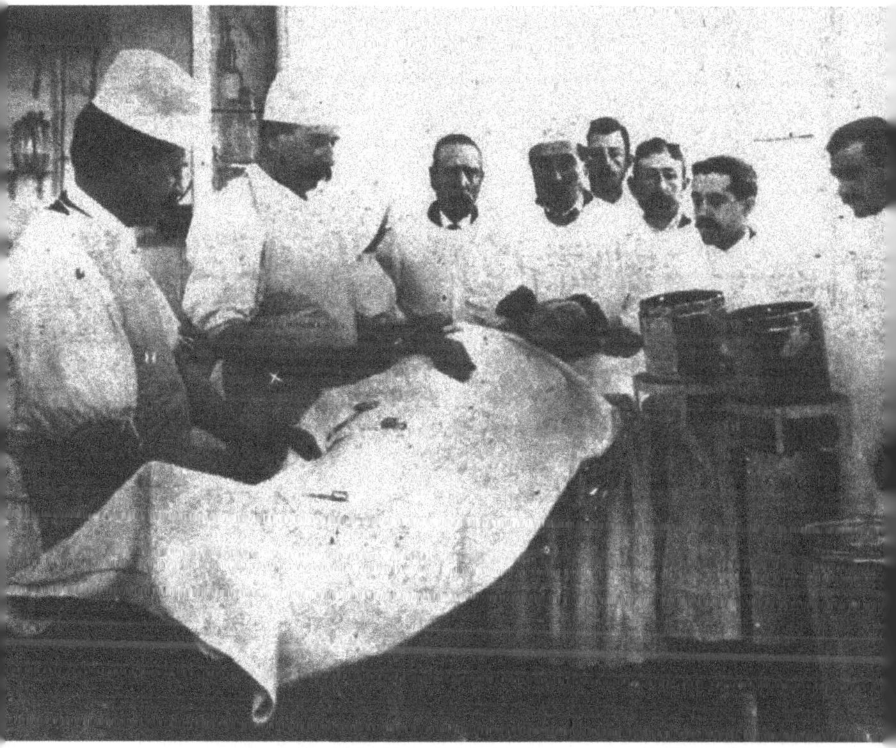

"El Dr. D. Federico Fernández y Alcázar, Inspector de Sanidad, médico de la sección de Cirujía del Hospital provincial, donde tan notables operaciones se vienen realizando. / El oculista D. Agustín Torres; // el médico D. Manuel Aguirre, auxiliando á las operaciones; /// el nuevo licenciado en medicina Sr. Calahorra, asiduo concurrente". *Vida Manchega*, 12.12.1912 noticia de la celebración de una fiesta religiosa en el Hospital Nuestra Señora del Carmen. En 1914, será el pintor Ángel Andrade el que será noticia en la prensa por haber pintado un estandarte de Nuestra Señora del Carmen, Madre Superiora del Hospital Provincial de Ciudad Real.

La revista *Vida Manchega* recogía la actividad del Hospital en 1918 con la celebración de la festividad del Carmen[56] y la visita del gobernador civil Sr. Maldonado y el grupo de religiosas que regentaban el establecimiento.

El Gobernador civil Sr. Maldonado con el Diputado D. Ciriaco López Rivera, Visitador del afamado Hospital Provincial y los Doctores Sres. Bonilla y Martín Serrano dirigiéndose a la Ermita del Carmen en que se celebró una solemne función religiosa a la Virgen de su nombre, como Patrona del Benéfico establecimiento, en la que hizo gala de su oratoria sagrada el cultísimo presbítero Don Miguel Ruiz. Foto: E. Lérida[57]

El desarrollo del hospital hace que entre 1915 y 1923 las instalaciones provinciales se hallen por encima del resto de centros de la beneficencia. En 1917 Telmo Sánchez redacta un proyecto de reforma del manicomio que remodela todo el cuerpo adosado a la iglesia renovando su distribución y acabados.

La planta cuadrada se adosa a la iglesia dejando un patio cuadrado en su interior. Una ordenación más racional de los diferentes espacios trata de mejorar las condiciones del edificio existente. Dos brazos lineales prolongan los servicios.

La virtuosa y abnegada Sor Juliana García, Madre Superiora de Hijas de San Vicente, que regentan el establecimiento Hospital, rodeada de las autoridades civiles y militares, representaciones de Prensa y Clero, Señoras de Bonilla, de Cárdenas Chacón y demás invitados a la fiesta religiosa en honor de Nuestra Señora del Carmen, el 16 del actual. Fot. E. Lérida

En torno al patio cuadrado, en una de sus zonas se localizan las celdas de locos y en el brazo perpendicular se ubicaba el comedor de locos. Los dos brazos que prolongan el espacio del claustro interior siguen destinándose a locos en una de las zonas y a desinfección en la otra. En la planta baja una zona destinada a enfermedades de la vista. La rotulación de los planos de Telmo Sánchez indica una dedicación intensiva de estos espacios para atención a dementes, con pequeños ámbitos para enfermedades infecciosas y de la vista.

En 1918, cuando medio mundo se desangraba por una guerra que parecía no tener fin, la aparición de la pandemia de gripal resucitó el miedo a un enemigo invisible imposible de vencer por la medicina convencional. Además de su extensión universal, será la extrema letalidad centrada en los adultos jóvenes de ambos sexos y el rápido contagio, algunas de las características que hacen de este episodio histórico un tema recurrente en campos como la medicina, la demografía, la historia social, etc.

En España las deficiencias legislativas y organizativas en materia benéfico-sanitaria quedaron al descubierto desbordadas por una invasión desconcertante y letal que afectó a toda la colectividad.

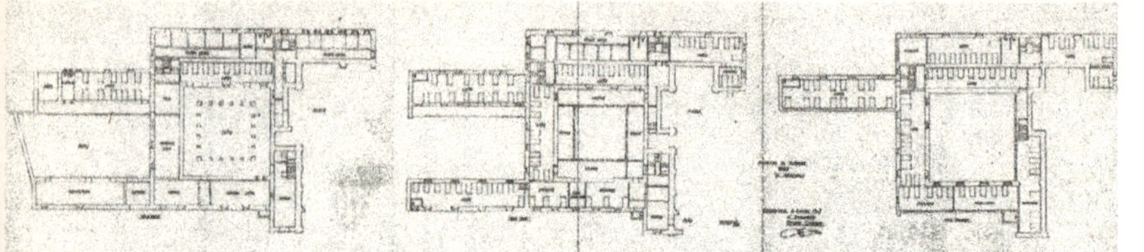

1917. Proyecto de reforma del Manicomio. Telmo Sánchez

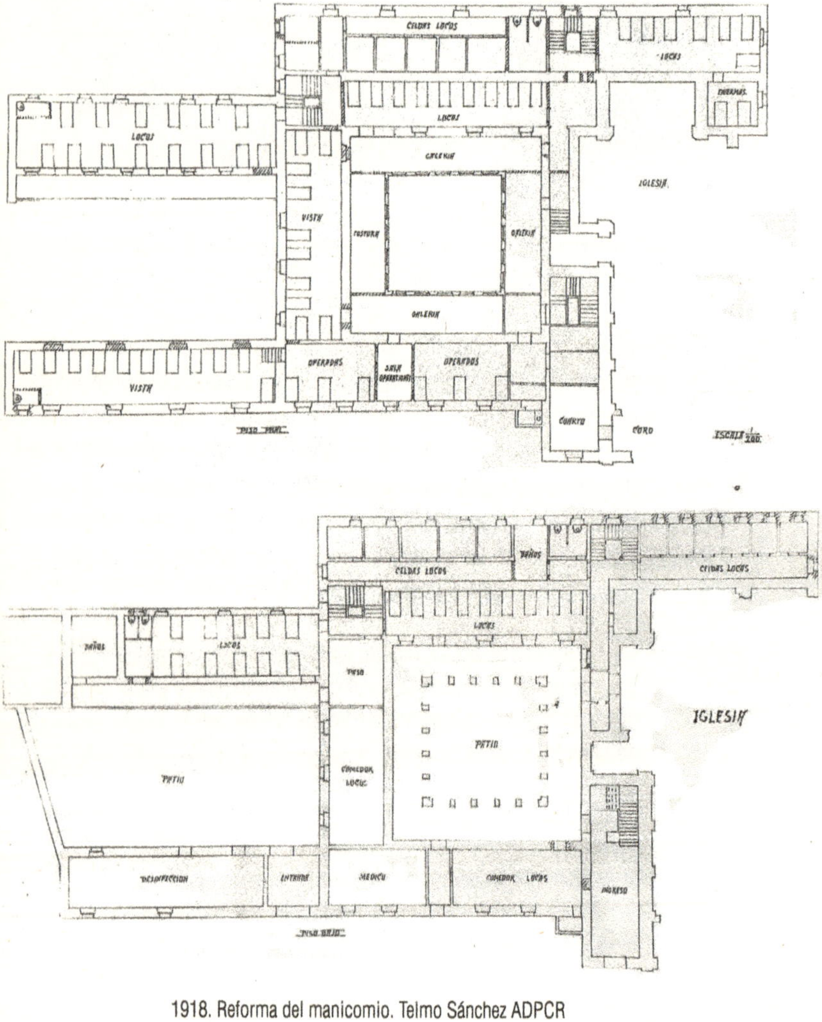

1918. Reforma del manicomio. Telmo Sánchez ADPCR

La provincia de Ciudad Real constituía el arquetipo de una sociedad provinciana, con altas tasas de analfabetismo, desigual reparto de la riqueza y una estructura económica limitada al sector primario, donde la aparición de la mal llamada gripe española se confundió con las oleadas de infecciones estacionales que sufría una provincia con abundantes patologías todavía endémicas. La alta incidencia registrada en el periodo 1918-1919 durante el que llegó a enfermar el 20% y que se saldó con una tasa de mortalidad superior a la media española, la convierte en un punto de inflexión en el proceso de transición demográfica iniciado unas décadas antes erigiéndose en la crisis demográfica porcentualmente más importante del siglo XX [58].

Unas situaciones especialmente difíciles para la sanidad que ponen de manifiesto la necesidad de la mejora de las instalaciones hospitalarias de la ciudad [59]. *Vida Manchega* informaba en noviembre de 1918:

> Con motivo de la epidemia de gripe reinante en toda España, nuestra autoridades se han visto precisadas a tomar las medidas profilácticas oportuna para su rápida extinción en esta capital. Se han establecido puestos de desinfección permanentes en la Puerta de Santa María y Estación férrea servidos por varios estudiantes de Medicina, donde diariamente han sido desinfectados cuantos viajeros han penetrado en la población [60].

"Estudiantes que han sido nombrados Jefes de desinfección durante la epidemia".
Vida Manchega, Noviembre 1918

Largas colas de vecinos esperaban para recibir las dosis de vacunas en el Laboratorio Municipal.

En 1920 se proyecta un edificio para infecciosos diseñado por Telmo Sánchez. Un edificio de planta rectangular que se ubica en la posición que pocos años después va a ocupar el Hospital Quirúrgico que él mismo diseña.

Diferentes croquis van definiendo el proyecto que se acaba concretando en un edificio de planta rectangular y dos alturas. El pabellón de planta rectangular tiene dos cuerpos salientes en ambos lados. Un acceso central comunica con el pasillo de distribución para habitaciones a ambos lados y las dos salas de mayores dimensiones en ambos extremos. En la rotulación de los planos se indica sarampión y viruela y, en uno de los croquis, se definía un espacio independiente para tuberculosis y sífilis.

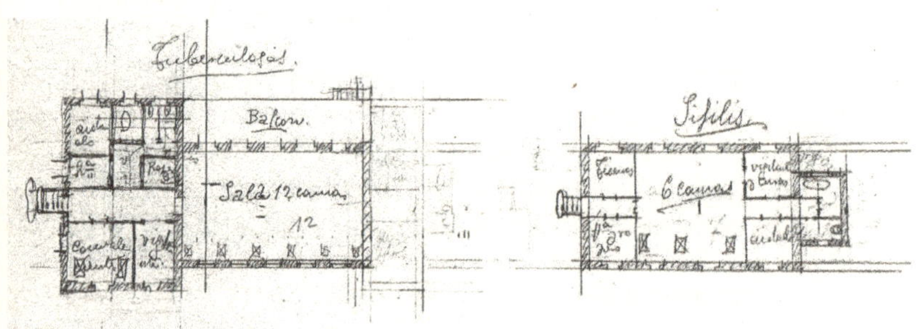

Arriba. Tuberculosos y sífilis

Abajo. Pabellón para infecciosos y contagiosos con 24 camas. Sarampión y viruela

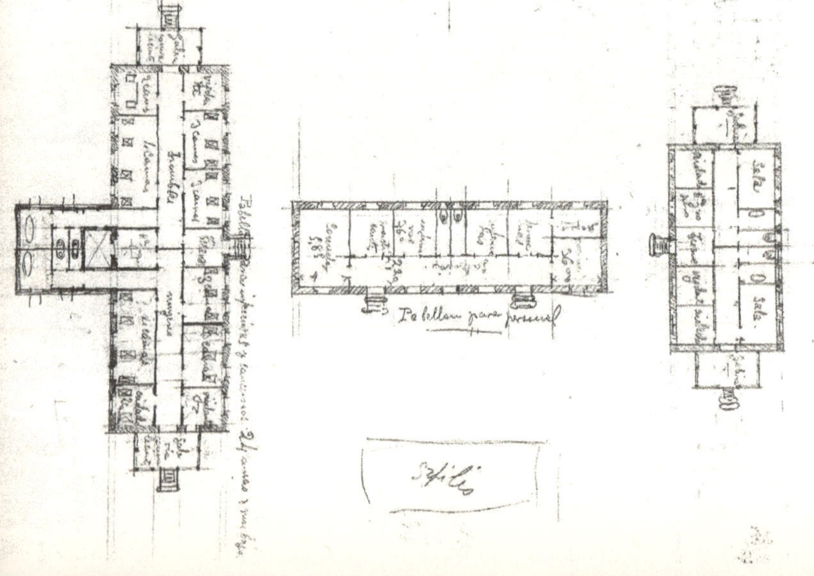

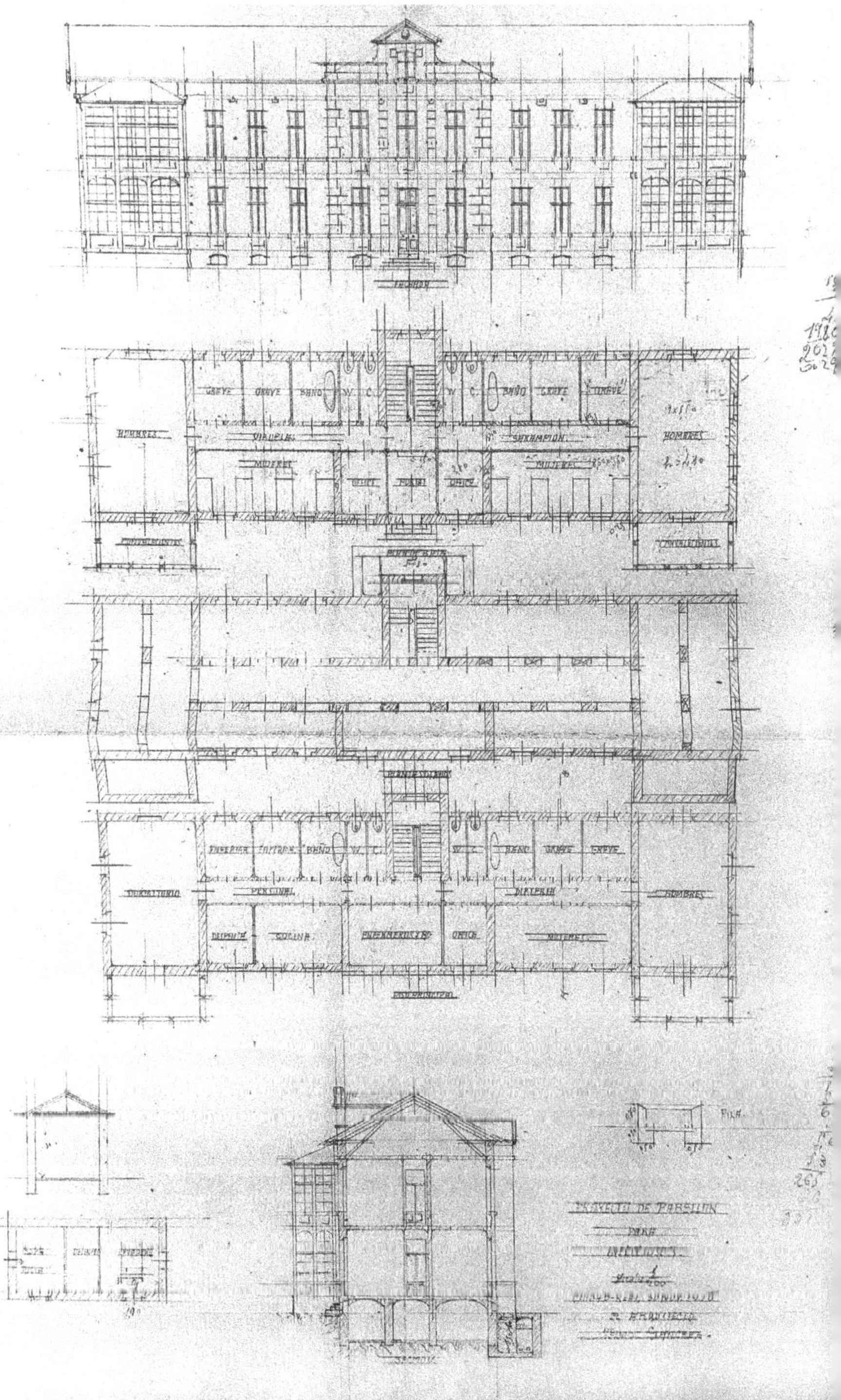

1920. Pabellón de infecciosos. Telmo Sánchez 1920. ADPCR

El edificio tenía, constructivamente, tres vanos que coincidían con las fachadas exteriores y las dos líneas de la galería central. En el sótano los muros de apoyo con formas abovedadas para soportar el pavimento de la planta baja.

> A la altura de 1923 se agiliza el nombramiento de un nuevo médico especialista en cirugía general con 2.000 pesetas de sueldo, acordándose también amortizar dos plazas más de la misma índole para los siguientes años. A la par, la Diputación se haría cargo del laboratorio provincial, circunstancia clave en lo que respecta a la preparación de medicamentos y experimentación con distintos productos químicos. Durante aquel año se contabilizaron 324 acogidos en el centro y calculándose la estancia de cada uno a 0,83 pesetas, el gasto real en esta partida acabaría ascendiendo a 107.608 pesetas[62].

En el Hospital no había un manicomio como tal y existía solamente un departamento para observación de dementes. A los tres o seis meses eran estudiados por un médico que decidía su alta o la continuación en observación. Cuando se consideraba necesario se enviaban a Ciempozuelos con estancia pagada por la Diputación (dos pesetas por persona).

En la Memoria de 1924 se dice:

> El Hospital General de Ciudad Real es hoy una de las glorias de la provincia: durante 14 años se han practicado 1.500 operaciones de alta cirugía con una mortalidad media del 1%; la fama que en la provincia tienen los operadores clínicos de dicho hospital hacen que el establecimiento sea pequeño para el contingente de enfermos que asiste particularmente para las operaciones quirúrgicas, habiéndose tenido que habilitar un edificio que forma cuerpo con dicho hospital[63].

En 1925 se terminaba el Pabellón de Infecciosos con la supervisión del Cuerpo de Beneficencia y la Inspección de Sanidad. Se estudiaba en este momento construir un pabellón para convalecientes con espacios preparados y azoteas para baños de sol. En estos momentos se estudiaba la compra de una nueva maquinaria para la calefacción del inmueble tratando de instalar un sistema centralizado de vapor y así eliminar las estufas de carbón que generaban suciedad en las distintas salas, con peligros de incendio y emanación de gases perjudiciales para los enfermos. En aquellos momentos, en carbón de hulla, de cok, leña y elementos vegetales se necesitaban 168 000 kilos, lo cual suponía un coste de 13 500 pesetas.

> Asimismo se pretendía articular una correcta instalación hidroterápica con la creación de nuevas galerías, a la par que se buscaba la ampliación de habitaciones y salas para enfermos de pago con obligación de intervención quirúrgica en este establecimiento. Por último, se manifestó la necesidad de realizar un departamento independiente para enfermos mentales peligrosos y para enfermos que fuesen delincuentes comunes, pues en los establecimientos penitenciarios de la provincia no se hallaban enfermerías ni celdas especiales de tratamiento, con objeto de ubicar a estos grupos de individuos[64].

En el plano de Sofi de 1925 aparece la planta del gran edificio cuadrado con su patio interior, un edificio denominado Manicomio con la iglesia en uno de sus lados y una pequeña construcción rectangular para infecciosos[65].

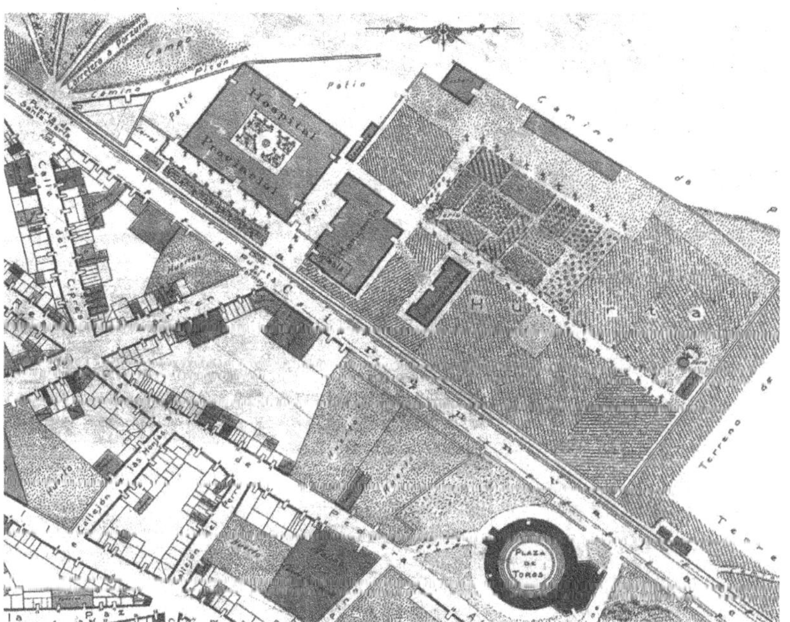

Detalle del plano de Sofi de 1925

Entre 1924 y 1930 el Hospital Provincial requiere ampliaciones y nuevas construcciones. Se construyen nuevos quirófanos, se dota de nuevas instalaciones higiénicas y se levanta el pabellón de locos o dementes. Un conjunto de proyectos que es calificado por muchos como proyecto faraónico [66]. No hay todavía un manicomio y se mantiene únicamente un departamento de observación de posibles dementes. Después de la observación se estudiaba su posible envío a Ciempozuelos con una estancia que pagaba la Diputación.

> Respecto a proyectos y obras modernas, existen en esta oficina un anteproyecto de manicomio general hecho en 1911, otro para hospital de infecciosos de 1912, en 1915 se construyó el pabellón que hoy ocupan los militares; en 1920 se hizo proyecto de un pabellón para locas; el mismo año se hizo otro pabellón de dos pisos para infecciosos; y en 1922 se hizo el proyecto de dos pabellones, uno para locos y otro para locas, y se proponía unirlo al actual de militares con objeto de haber formado un grupo con independencia del resto de las construcciones; pero como resultado del fuego ocurrido en el edificio viejo y atendiendo a las comodidades del momento, se emplazó uno de ellos en el sitio que ocupa [67].

En 1924 se declaran disueltas las Diputaciones Provinciales de toda España. Destituido Antonio Rubio en 1926, el gobernador civil designa como presidente de la Diputación a Bernardo Mulleras que, según el periódico *Vida Manchega*: "presidiendo era un dictador simpático... amplió el Hospital para que este fuera uno de los mejores de España...".

Este año de 1924 se renueva el material clínico de algunos de los departamentos del Hospital sobre todo en la sección de rayos X, electroterapia y radioterapia. Se prepara un quirófano con condiciones de total asepsia y se acondiciona una sala para esterilizar material quirúrgico e instrumental para intervenciones. Se adquiere material para resecciones, trepanaciones y otras operaciones de huesos.

En 1925 se han concluido las obras del pabellón de infecciosos y entre 1926 y 1927 se prepara un programa que quiere duplicar la capacidad de la asistencia sanitaria. En 1928 continúan las inversiones en materia sanitaria para la renovación de salas y material médico;

en mayo se remodelaba una zona del hospital aislada como sala de prostitutas. Este año las obras del Hospital ascienden a 8152 pesetas.

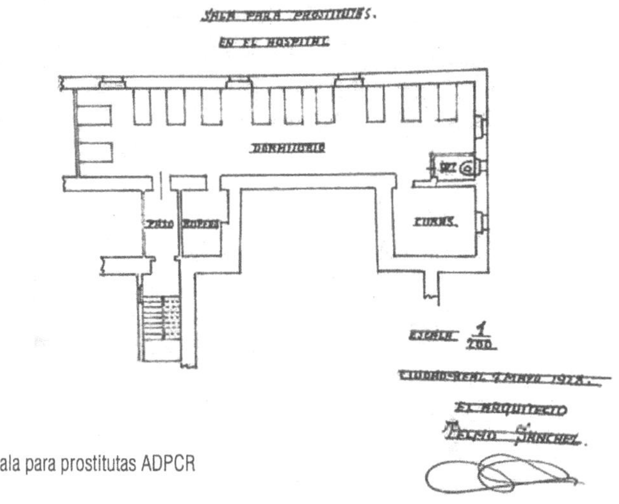

Sala para prostitutas ADPCR

Las imágenes de 1926 nos muestran el interior del hospital y sus salas.

Abajo. 1926. Sala del hospital

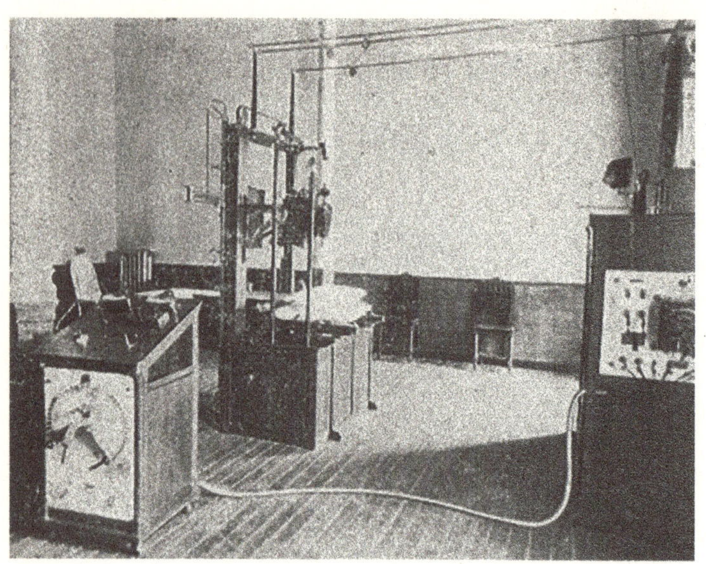

Abajo. 1926. Sala del hospital. Rayos X

En 1929 se construyó un edificio como hospital materno infantil, proyectado por Francisco Alonso Martos, en otro lugar de la ciudad, junto a las instalaciones del Hospicio provincial. Alonso Martos ha estado íntimamente vinculado a la actividad de los ferroviarios, ha proyectado el edificio sede de la AGEOFE y Escuelas Ferroviarias en Alcázar de San Juan y las Escuelas ferroviarias en Ciudad Real, inició su actividad en 1924. En Ciudad Real proyecta también el edificio Casa de Expósitos y Maternidad en 1929, con un presupuesto de (344 680,54 pesetas), que en 1932 se amplía con una planta más en Maternidad.

Un edificio de planta longitudinal, de una altura con un cuerpo elevado en el centro y una composición simétrica respecto del punto de acceso. El volumen de la Casa de Expósitos situado en posición posterior tiene cuatro alturas con una planta superior de huecos continuos más reducidos que remata la composición del conjunto. Actualmente se dedican uno de ellos a Centro de Exposiciones (CEX) de la Diputación Provincial y otro a dependencias administrativas de la institución provincial[68].

La situación de los servicios asistenciales en maternidad y Hospicio es muy deficiente. En 1924 el diputado Ponciano Montero decía:

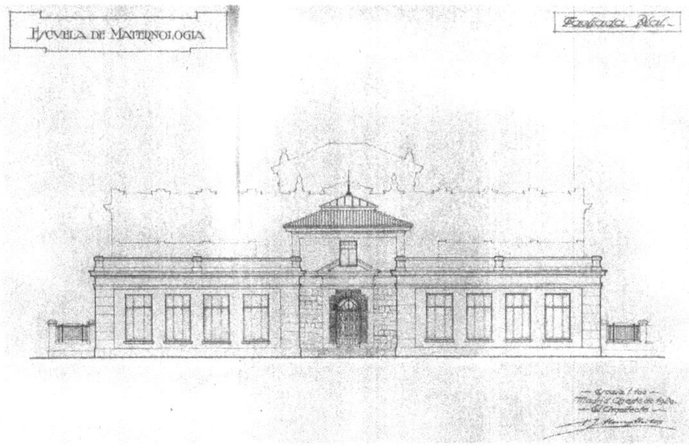

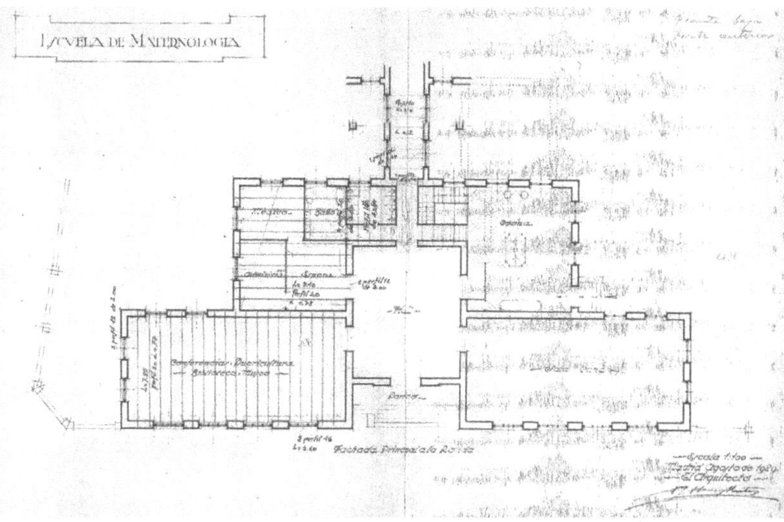

Maternidad y Casa de Expósitos. Arriba, proyecto de Francisco Alonso Martos (parte anterior), 1929; actualmente el CEX (abajo). ADPCR

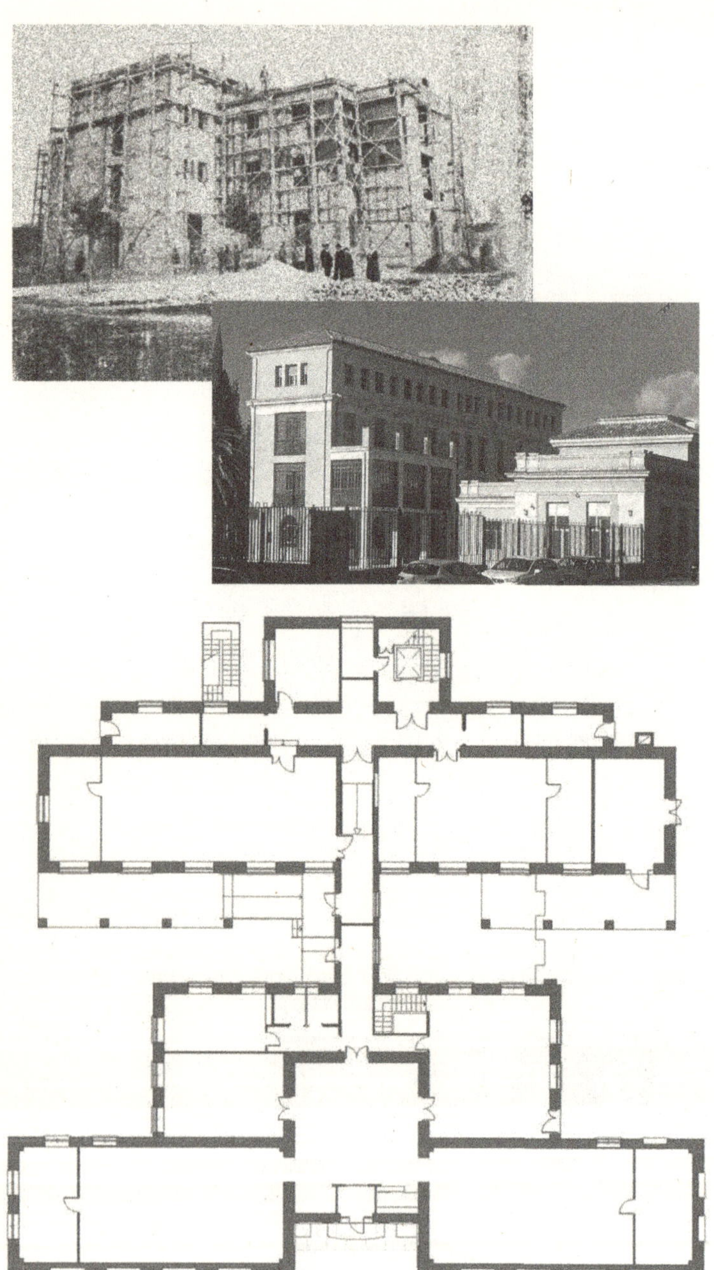

Maternidad. Arriba, fotografía de las obras de construcción; a la derecha estado actual; abajo, planta de distribución actual del edificio

1928. Fotografía aérea de Walter Mittelholzer. Detalle

> El servicio del Hospital de esta capital es deficientísimo aparte de cargos no imputables al propio personal, cuya remuneración también es modesta, es la falta de dinero para atender a los niños, a la Inclusa y a la Maternidad, y a la parte de asilo en bastantes mejores condiciones que hoy se hacen, si bien lo más sangrante viene ahora pues baste conocer el detalle de que en la inclusa mueren al año el 66 por ciento de los niños ingresados, mortalidad tan horrorosa que espeluzna al que la conozca: ¿pero si por socorros de lactancia se conceden tan solo 25 céntimos; si cada nodriza ha de mantener a tres niños lactantes; si no existe enfermería en el establecimiento; si la diátesis degenerativa de muchos hospiciados no encuentra ni un alimento reparador, ni el específico medicamento técnico que regeneren sus fuerzas vitales [69]

En 1928 el arquitecto provincial Telmo Sánchez desarrollaba el proyecto de "Construcción del consultorio, dos salas de operaciones y una galería para unión con el edificio viejo del Hospital provincial" [70]. El proyecto requería el derribo de parte del pabellón de enfermedades infecciosas.

La fotografía aérea de 1928 de Walter Mittelholzer [71] da cuenta de la realidad construida en ese momento: el Hospital del Carmen tiene la estructura de la iglesia con el patio principal de la zona hospitalaria y las dos prolongaciones que sobresalen tal y como estaban en el proyecto de Telmo Sánchez, está construido el edificio de infecciosos proyectado por Telmo Sánchez y el nuevo edificio destinado a hospital de militares inicial y posteriormente a hospital de locos.

Las obras realizadas en 1928 ascienden a 8152 pesetas con la renovación de diferentes salas y material necesario. En 1929 se registraba la entrada de 2425 enfermos, de ellos 615 varones y 264 mujeres en el área de medicina y 802 hombres y 744 mujeres en el área de cirugía. En el área de dementes se atiene a 53 hombres y 28 mujeres.

Telmo Sánchez proyecta en 1930 el Pabellón de observación de locos, un edificio de planta rectangular con dos alturas que tiene en la planta superior dos espacios de dormitorios y celdas en los extremos. La composición de fachada tiene la simetría del acceso central marcado por un pequeño remate triangular superior[72]. El edificio se une al primitivo edificio por una prolongación de uno de los lados que sobresalen del mismo en su parte final y cierra un patio en su parte posterior acotado por un cerramiento perimetral.

Entre 1930 y los primeros meses de 1931 se finaliza el nuevo Hospital Quirúrgico, el nuevo pabellón de locos y la gale-

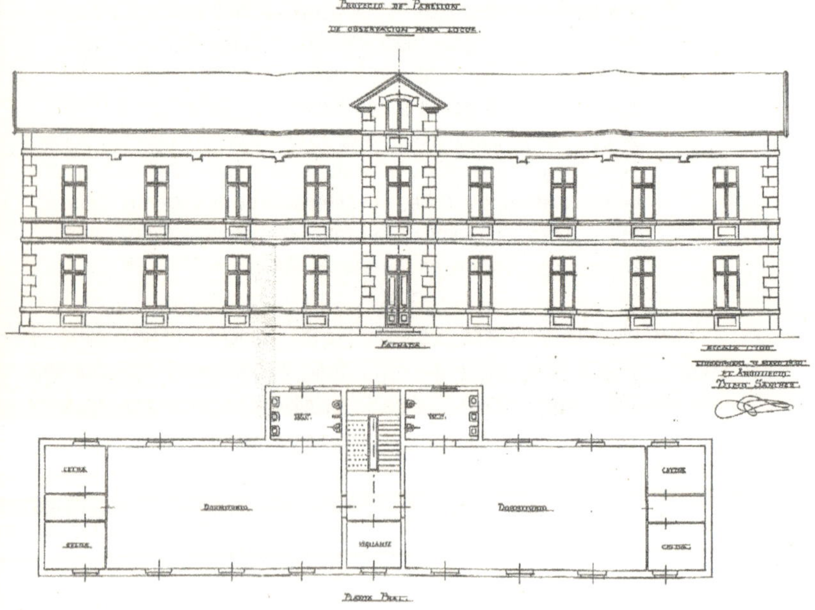

1930. Proyecto de pabellón de observación de locos; alzado de fachada y planta principal. Telmo Sánchez. ADPCR

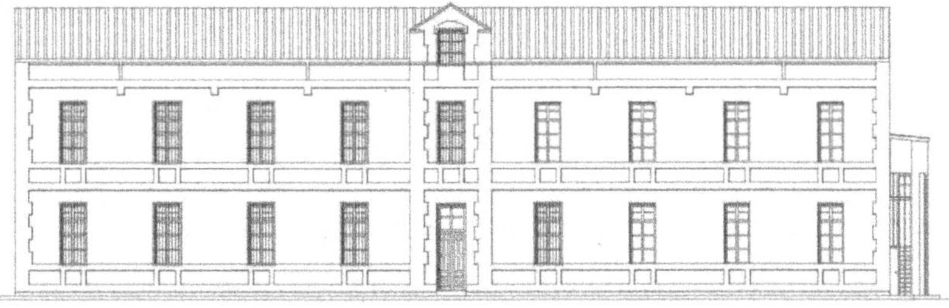

Levantamiento actual del Psiquiátrico de mujeres. Alzado frontal

ría de unión de los dos pabellones de dementes. Se sanea la sala de militares y se restaura la cubierta del pabellón de locas. En conjunto, la fase coincidente con la Dictadura de Primo de Rivera fue la más dinámica, de las contempladas hasta el momento, en lo que a mejoras del Hospital Provincial como principal unidad de la Beneficencia se refiere, circunstancia paralela al propio aumento de necesidades y a la orientación misma de carácter político que infería desde Madrid[73].

Telmo Sánchez ha tenido en su trayectoria profesional una intensa relación con el conjunto hospitalario proyectando diferentes piezas del conjunto.

Titulado en 1902, fue arquitecto provincial y diocesano desde 1907 y a partir de 1922 será también responsable de edificaciones educativas. Por su vinculación con la administración, sus obras más conocidas son edificios públicos singulares como el ayuntamiento de Manzanares de 1923 o el de Malagón de 1924, el Gran Teatro de Manzanares de 1927 y el mercado de esa localidad. Edificios que, como el ayuntamiento de Manzanares, configuran y definen partes centrales de la ciudad y otros de carácter cultural y recreativo como el cine Ideal de Valdepeñas de 1929, los croquis del teatro de Almagro de 1931, o el salón cine de Miguelturra de 1935.

Responsable de edificios para la educación deja construcciones como el colegio San José de Ciudad Real que será ampliado posteriormente por Jesús García del Castillo en su fachada a la calle Calatrava, el grupo escolar de Moral de Calatrava, o la reforma del Instituto para internado en Ciudad Real de 1925[74].

La actividad municipal se renueva en la ciudad y el gobierno municipal del socialista José Maestro construye la Casa de Socorro con proyecto del arquitecto José Arias [75] terminado en los primeros meses 1933, inaugurándose en agosto de ese mismo año [76]. Un edificio en esquina con una concepción racionalista que representa la nueva voluntad municipal y el lenguaje arquitectónico renovador de su arquitecto. Arias, autor de proyectos como el Mercado Municipal o la denominada Casa de la Radio, realiza una actividad intensa en la ciudad introduciendo un lenguaje racionalista que renueva las construcciones con lenguaje académico historicista de otros momentos [77]. Las Ordenanzas municipales decían:

> La beneficencia municipal se ejerce por medio de la Casa de Socorro, en que se practican los primeros auxilios a cuantos fueren víctima de cualquier accidente o agresión, por el Cuerpo de Médicos titulares que asiste a los enfermos pobres a domicilio y por las Farmacias de socorro que facilitan a éstos los medicamentos necesarios [78].

Casa de Socorro anterior al Gobierno municipal de José Maestro; tenía una sola dependencia y su estado era "indecoroso". Extraída de *20 meses de labor municipal 1931-1932 / Ciudad Real 1931-1934*, 1983, Agrupación Socialista de Ciudad Real

Casa Socorro. Proyecto de José Arias. Colección particular de José Rivero

Casa de Socorro anterior al Gobierno municipal de José Maestro; la fotografía presenta el "lantiquísimo" insturmental y la precariedad de medios de la institución.
Extraída de *20 meses de labor municipal 1931-1932 / Ciudad Real 1931-1934*, 1983, Agrupación Socialista de Ciudad Real

En Ciudad Real la primitiva Casa de Socorro estaba en la calle del Gato (hoy Montesa) con malas condiciones y por ello se plantea la construcción de un nuevo edificio que se ubica en la esquina de la calle Audiencia (hoy Elisa Cendrero) y calle Jacinto.

El Hospital Quirúrgico. 1933. Los proyectos del Telmo Sánchez

En 1933 se inaugura el Hospital Quirúrgico que sirvió de complemento y ampliación al ya existente. Debido a la escasez de recursos se fija una cuota por permanencia dependiendo de la situación económica del enfermo y así se distinguen entre "enfermos distinguidos", "dementes no pobres" y "militares" que contribuían eficazmente a los gastos generales. El Hospital Quirúrgico se inicia en 1928 culminado durante la etapa reformista y se inaugura el 27 de abril de 1933 por el presidente de la República Niceto Alcalá Zamora acompañado del ministro de la Gobernación Casares Quiroga y del gobernador civil González Gamonal y el presidente Morayta [79].

"EL NUEVO PABELLÓN DEL HOSPITAL DE CIUDAD REAL.– El Presidente de la República y el ministro de la Gobernación han inaugurado en Ciudad Real el nuevo pabellón del hospital Provincial, cuyas obras se iniciaron en 1928, durante la Dictadura. El Sr. Alcalá Zamora hizo grandes elogios de la instalación y se ofreció a la superiora y hermanas que prestan sus servicios de caridad en el benéfico establecimiento. (Foto Díaz Porro:). Publicado en *ABC* el 29 de abril de 1933

Se trata de un edificio de nueva planta que se ha construido en los terrenos de la huerta del hospital[80]. Tiene dos plantas y sótano, el piso bajo tiene acceso, baños y servicios y en la planta primera, radiografía y quirófanos (2706 metros cuadrados). Un edificio construido con ladrillo con mortero hidráulico y forjados realizados con viguetas metálicas. La cubierta se realiza con armadura metálica y la escalera con bóvedas tabicadas de tres hojas. Los quirófanos están diseñados y construidos con la máxima calidad, "son una obra acabada y ejemplar hasta el extremo que es constante la aseveración de que no las hay mejores en España"[81].

La Memoria del proyecto decía:

> Cumpliendo con lo acordado por la Comisión Provincial, con fecha 10 de Octubre, hemos redactado el presente proyecto, con planos, memoria, presupuesto y pliego de condiciones, para construir un pabellón de enlace del Hospital actual con el edificio antiguo y dos salas de operaciones (una séptica y otra aséptica) enfrente del departamento de mujeres dementes.

El pabellón de enlace se destinará, en planta baja a consultorio independiente de los dos edificios hoy existentes, con una entrada central, dos salas de espera y dos de consulta y el piso alto se destinará a sala de enfermos.

Hemos tenido en cuenta el sistema de construcción del Hospital actual las diferencias de nivel y respecto al enlace del Hospital actual con las salas de operaciones a través del nuevo pabellón hemos dejado sin determinar la forma de hacerlo, proponiendo como más cómodo para el servicio, colocar una galería de dos pisos, que, partiendo de la meseta intermedia de la escalera de subida al pabellón de Hermanas o bien hacer recodar dicha galería, para darle entrada por el retrete de la sala del Carmen, con lo cual se tendrá la comodidad de comunicarse a nivel los pisos originales. Esta galería dejaría con segundas luces, la cocina y W.C. de Hermanas de la Caridad, pero tendría la ventaja de no tener que variar el departamento de las mismas. También cabría hacer, una galería de solo planta baja y utilizar la escalera del edificio viejo, esta solución nos parece más incómoda.

En el enlace del pabellón consultorio, con el edificio viejo, la diferencia de nivel de pisos obligará a poner escalinata a la salida de la sala y a la entrada del pabellón que proyectamos, para salas de operaciones, a este último le damos la altura del piso principal del Hospital actual, para el día en que se desee hacer desaparecer el edificio viejo.

El pabellón destinado a operaciones consta de las dos salas indicadas, dos salitas para la esterilización, otra para la anestesia, un despacho para los Sres. Médicos y un fregadero y en la planta baja, se colocan los servicios de hidroterapia con un cuarto de limpieza, cuatro baños, dos cuartos para ropas, duchas y un cuarto disponible, bien para masaje o para ampliación de los servicios ya indicados. Este pabellón que se proyecta, centrándolo en el de mujeres dementes y separándolo convenientemente del Hospital nuevo y viejo, se unirá al último por medio de una galería de dos pisos, abierta en el bajo y acristalada en el alto.

Este proyecto necesitará, para su realización, el derribo del pabellón donde están instalados, en parte, los locos.

En el presupuesto que va detallado, van incluidas las partidas, únicamente falta la de la galería ya citada, para enlace por la fachada posterior del consultorio, que hemos dejado a la iniciativa de la Corporación, también el cambio de ingreso al edificio viejo, que habrá que hacerlo por el porche de la Iglesia.

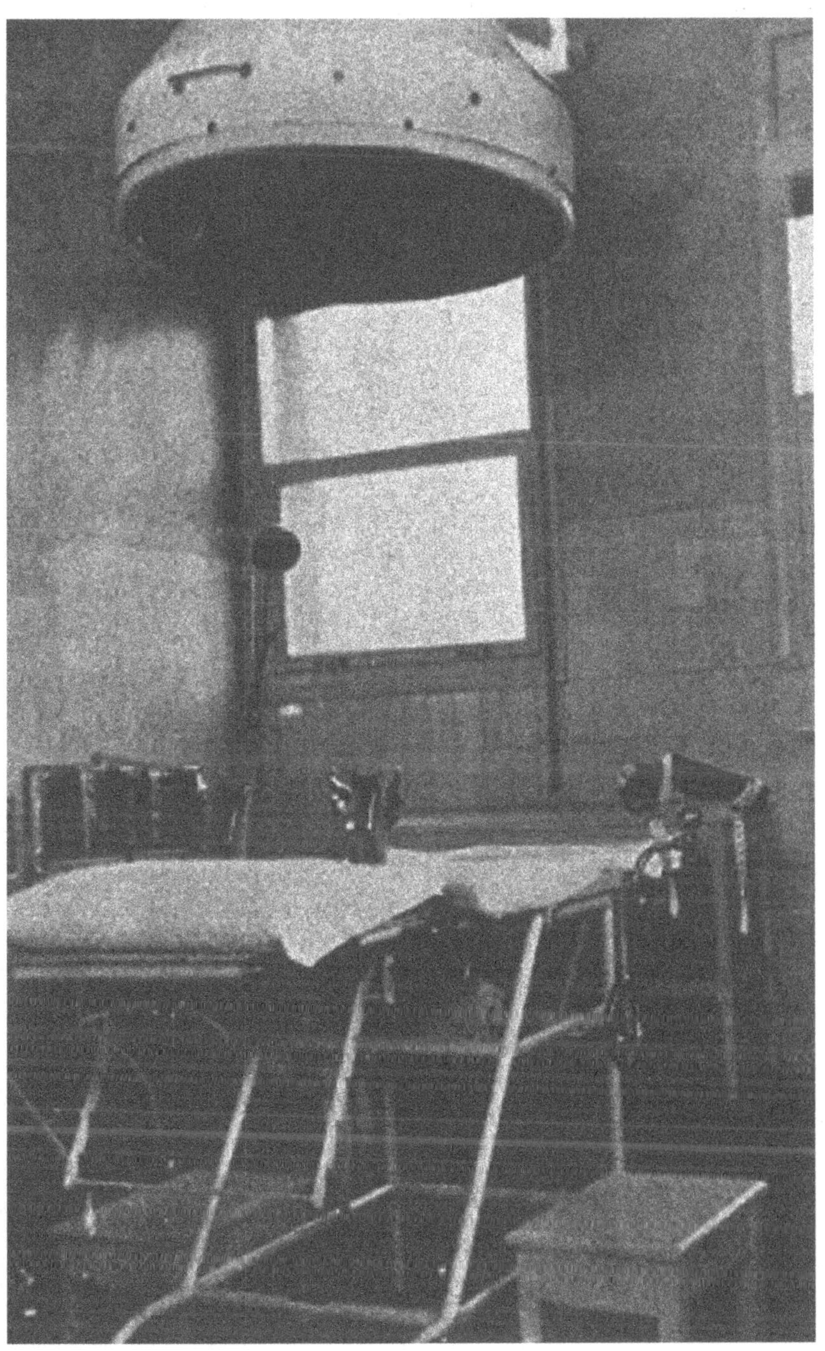

Quirófano. 1946

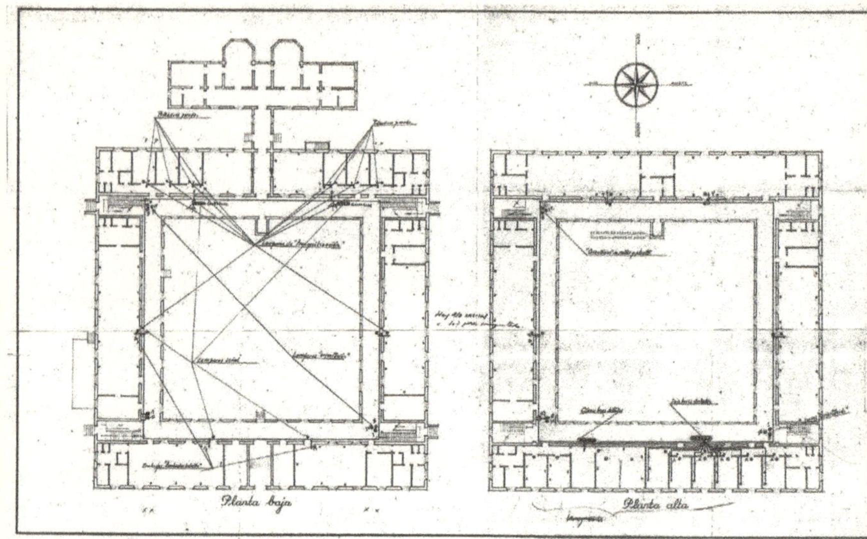

Hospital Quirúrgico. Telmo Sánchez. ADPCR

La construcción será la indicada en el presupuesto empleándose en el consultorio, mampostería con mortero de cal y arena, suelos de hierro sin columnas, solados de mosaico, armadura de madera con tejedo común sobre ladrillo de zarzo, carpintería igual a la actual del Hospital, cielo raso de cañizo y cornisa de ladrillo. La decoración será continuación de la fachada actual.

En las salas y baños se emplearán cimientos de hormigón hidráulico, fábrica de ladrillo con mortero de cemento, pies y armaduras de hierro, solados mosaicos, ventanas de madera, pudiendo ser las de las salas de hierro con doble vidriera y la cubierta de los extremos de cristal eclipse, con plafón de cristal, zócalos de azulejos y paredes pintadas al óleo o esmalte, redondeando las ángulos. Se dejarán bastidores giratorios, se instalará la calefacción para obtener una temperatura de 30º y las aguas residuales irán a una fosa séptica sistema Bezault tres compartimentos con pozo absorbente.

Ciudad Real 10 de Diciembre de 1928.
El Arquitecto. Telmo Sánchez[82].

La inauguración del edificio hospitalario se realiza con el alcalde socialista José Maestro, que recibe en el ayuntamiento al presidente

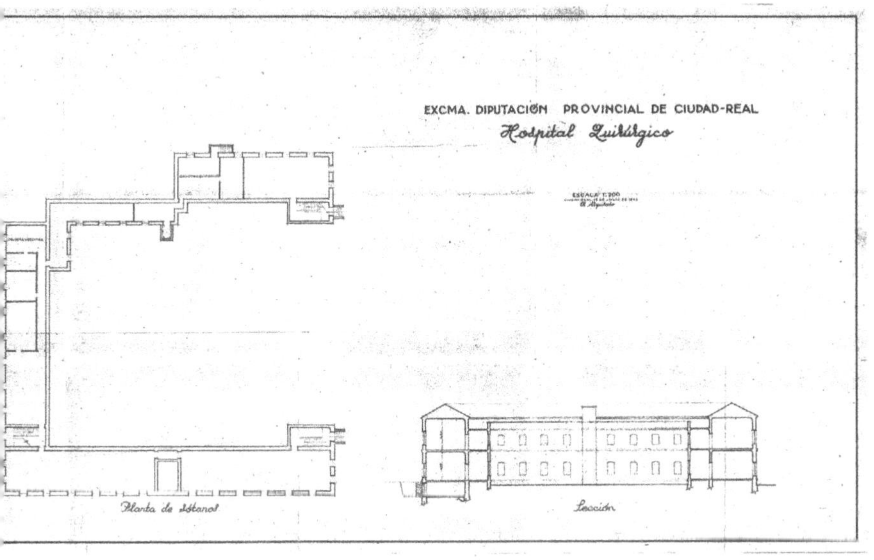

de la República[83]. El proyecto de Telmo Sánchez realizado en 1928 se denominaba Consultorio y dos salas de operaciones. Estas últimas se localizan en la planta superior ocupando dos volúmenes que sobresalen del cuerpo rectangular del conjunto con una forma poligonal que se acusa en la forma de la cubierta. Se proyecta una galería de unión con el edificio viejo y derribo del pabellón donde están en parte los locos[84]. A la recepción de las obras de los nuevos quirófanos asisten José Maestro como diputado visitador, José Martín, médico decano de la Beneficencia, el arquitecto Telmo Sánchez y el contratista de las obras Francisco León, el día 20 de septiembre de 1933. Las obras tuvieron un coste de 1 200 763,82 pesetas. La sección nueva de cirugía tenía una capacidad de 200 a 250 camas, dos salas de operaciones y cuatro cirujanos.

La unión del edificio de quirófanos con el otro cuerpo edificado se estudia de diferentes formas. En algunos de los planos de Telmo Sánchez el enlace se realiza por la esquina de la parte superior. En su zona delantera se dibuja un cuerpo que sobresale a su izquierda y que se plantea como acceso al conjunto con una planta baja con dos salas de espera y dos consultas y una sala general en la planta primera. El cuerpo construido en su parte inferior izquierda permitía el enlace con el hospital inicial en su extremo izquierdo. Por otra parte,

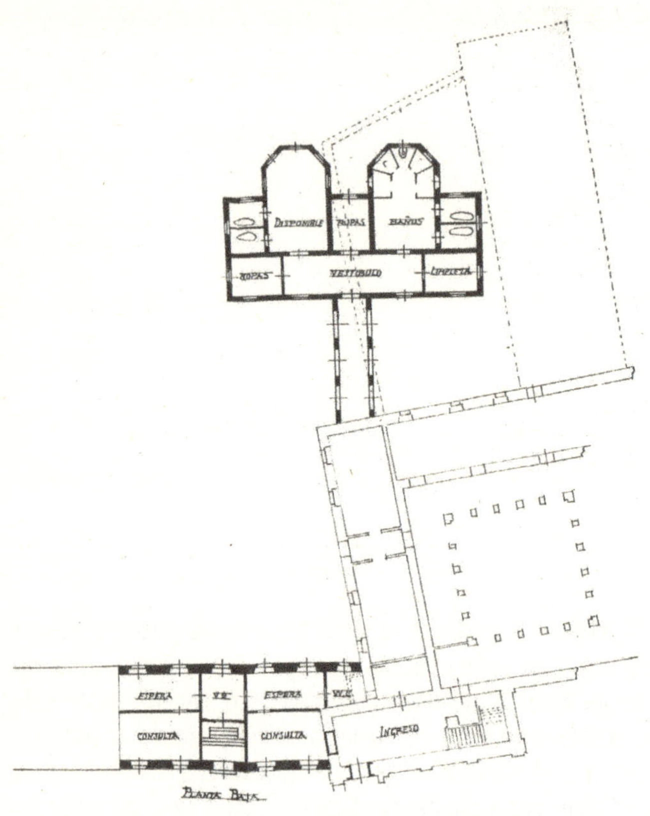

Quirúrgico. Zona de quirófanos, planta baja. Telmo Sánchez. ADPCR

el desplazamiento del espacio de quirófanos establecía una posible conexión con los volúmenes construidos en estos años destinados a diferentes dependencias del hospital.

Finalmente, el edificio se construyó con el trazado similar al actualmente existente con un cuerpo de planta cuadrada y patio central interior y el edificio de quirófanos centrado respecto de este en su parte posterior.

La obra tuvo un desarrollo complejo con numerosas incorporaciones, modificaciones y variaciones del proyecto original. Y por ello cuando llega el momento final de las obras y la liquidación de la obra, Telmo Sánchez elabora una documentación que quiere dejar constancia de esas alteraciones para justificar las variaciones en el precio final de la obra.

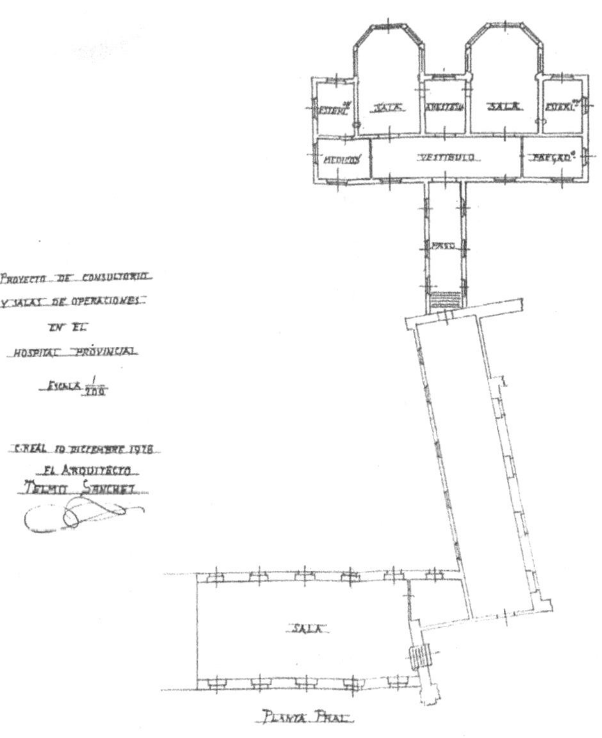

Quirúrgico. Zona de quirófanos, planta principal. Telmo Sánchez. ADPCR

Quirúrgico. Zona de quirófanos, alzados de fachada. Telmo Sánchez. ADPCR

Al tener que llevar a cabo la liquidación final de las obras del nuevo hospital quirúrgico y habiéndose aprobado bastantes modificaciones y ampliaciones nos parece para su mayor claridad hacer un resumen de las mismas y repasar aquellas obras que por tener un precio por unidad ---contratada de aquellas instalaciones que significando unidades nuevas o refiriéndose a adquisiciones directas no deben aumentarse en el 10% de contrata ni aplicarle la baja de la subasta que por ser mayor de ese 10% sería un perjuicio para el contratista ya que las casas instaladoras cobran sin baja y las obras de albañilería y demás auxiliares se deducen de las listas de jornales de los obreros puestos a su servicio.

Resumimos las actuaciones reseñadas por Telmo Sánchez en diferentes apuntes:

El 10 de octubre de 1929 se aprobó el proyecto de Hospital Quirúrgico.
14 de Diciembre. Se nos comunicó la adjudicación a Don Francisco León.
En 12 de mayo de 1930 se remitió un proyecto de Pabellón de observación de dementes para sacarlo del primitivo proyecto de Hospital Quirúrgico como resultado de un informe del Sr. Inspector de Sanidad.
N.º 36, 17 Octubre 1930. Se acuerda ampliar el Pabellón de Quirófanos en 6 metros a cada lado y la instalación de un monta camillas sin presupuesto fijo y como ampliación de obra.
N.º2, En 2 de febrero de 1931. Se acuerda instalar la calefacción en el pabellón de observación de dementes como ampliación.
N.º 17, 22 de Mayo 1931. Se acuerda que se abra una puerta más en las terrazas para acceso de los hombres (esto exige prolongar una escalera) sin presupuesto.
N.º 35, 21 de agosto. Se acuerda la formación de una ponencia bajo la presidencia del Diputado Visitador.
En 12 de agosto se habían empezado las gestiones para la instalación del material de quirófanos con la casa Industrias Sanitarias.
N.º 41, 9 de Septiembre. Se acuerda el viaje de los Señores Cilleruelo y arquitecto a Madrid.
N.º 52, 7 de Noviembre. Se autorizan modificaciones propuestas que se hagan como ampliación de obra ascienden a... 389,74 pts. y se refieren a comedores sótano.

El sótano, prolongar bajo las galerías el sótano hasta el ascensor y algunos cambios de tabiques en las salas de enfermos.
En 22 de abril 1932, se acuerda colocar una caldera para calentar los quirófanos independientemente de las instalación general.
En 12 de mayo se aprueba la propuesta de la casa Ligthast para

instalar el agua caliente en baños, lavabos y cuartos de curas.

En 2 de mayo se gestiona el envío de azulejos y guías para los Quirófanos.

N.º 19, 12 de mayo. Se aprueba la instalación de agua caliente de la casa Ligthast en 18.700 pts.

N.º 20, 12 de mayo. Se autoriza la cuponera para el lavadero en 4.000 pts.

En 14 de mayo de 1932. Se acepta la propuesta del Ingeniero, factura de luz eléctrica de fecha 5 de febrero.

N.º 16, 22 de abril. Se acuerda ampliación calefacción quirófanos importante 6.145 pts. de la casa Lightast.

En 24 de junio, se acuerda el cambio de chapados y solados en quirófanos. Instalación de teléfonos y colocación de tubería del agua desde la Puerta de Toledo.

Se acuerda la colocación del chapado y suelos con un aumento de 16.960 pts., instalación de teléfono, adquisición estufa desinfección definiendo el pago 3.000 pts. hasta el próximo presupuesto.

Colocación tubería agua pagando este año 7.431,19 del presupuesto (9.720) pts.

En 5 de Diciembre, se aprueba le presupuesto de la casa M.I.R. para instalación de aparatos y lámparas eléctricas y en 14 de febrero de 1933, se acuerda la pintura al duco en las salas de operaciones.

13 de diciembre, aprobando el presupuesto para las obras de cruce de la vía férrea con una tubería de conducción de agua.

Además de estos acuerdos y como resultado de alguna de ellas se han hecho ligeras obras como unión de ambos comedores, fregaderos de mármol en vez de piedra artificial armario para despensa y estantes de roperos, colocación pararrayos etc.

Con todos estos datos hemos formado una liquidación general con su baja correspondiente y tres liquidaciones parciales o anejas una referente a aumentos en instalaciones eléctricas, otra las ampliaciones hechas por la casa Ligthast, la tercera instalación del agua desde la puerta de Toledo, pequeño menaje y jornales invertidos en las instalaciones de Industrias Sanitarias.

Sin embargo, será modificado en breve por la situación económica provincial quedando organizados los hospitales de la siguiente manera: el Hospital Quirúrgico debía alborgar los enfermos de cirugía y también los de medicina general, y en los pabellones del Hospital Provincial se instalaron todos los dementes, varones y mujeres, mantenidos por la Diputación, aquí y fuera de la provincia, así como los servicios de oficina, farmacia, radiografía, radiología y vivienda de las Hijas de la Caridad. En los pabellones destinados a Manicomio quedaron acomodados los enfermos infectocontagiosos.

En 1931 se había redactado con urgencia un proyecto y se gestiona ante la autoridad eclesiástica la demolición de la iglesia del Carmen donde se ubicaría, pero no hubo voluntad política de llevarlo adelante. Con el triunfo del Frente Popular se replantea el tema. El diputado Maeso aclarará en relación con la demolición de la iglesia que "No nos guía ningún prejuicio sectario sino el derecho de realizar una mejora provincial... Esta Corporación no tiene el propósito de librar una batalla contra el Obispado sino el de aprovechar dicho solar para ampliar sus servicios hospitalarios"[85]. El acuerdo del obispado con la Diputación permite la adquisición de los terrenos necesarios para la ampliación del hospital con la demolición de la iglesia.

El Ministerio de Justicia publicaba el Decreto por el que se autorizaba al obispado de Ciudad Real la venta del inmueble a la Diputación de Ciudad Real[86].

> Solicitada del Ministerio de Justicia por el Excmo. Sr. Obispo de la Diócesis del Priorato-Ciudad Real, autorización para la venta de la iglesia titulada del Carmen, propiedad del Obispado, situada en las afueras de la población, fundamentando su petición en los siguientes hechos: que dicha iglesia, por hallarse fuera del centro de la ciudad, no tiene otro culto que la celebración de una misa todos los domingos; que la Excma. Diputación Provincial desea adquirir dicho inmueble, para lo cual le ha requerido en repetidas ocasiones para su adquisición, al objeto de poder unir el pabellón antiguo del Hospital provincial con el nuevo construido recientemente, para formar así un edificio apropiado al objeto humanitario a que se destina; y teniendo en cuenta los justísimos deseos de la excelentísima Diputación provincial de poder contar con un edificio a su satisfacción para el uso a que está destinado; que la venta que se pretende llevar a cabo es a requerimiento de la parte compradora y que, dado el empleo que ha de darse a la finca objeto de la venta, la parte vendedora gustosa accede a ella; que el precio de la venta, que es de unas 52.324 pesetas, según tasación pericial, verificada por los señores Arquitectos D. Luis Sainz de los Terreros y D. Mateo Gayá, tiene que aplicarse a enjugar un déficit de unas 60.000 pesetas, procedentes de las obras de construcción de las iglesias parroquia-

les de Carrizosa, Almedina y Mestanza, pueblos de la provincia de Ciudad Real, construcción que comenzaron los mismos pueblos, comprometiéndose a costearlas en gran parte los respectivos vecindarios, compromisos que no han podido cumplir, entre otros motivos, por la escasez de las cosechas; y en atención a que ni por lo que respecta a la venta del mencionado inmueble ni por lo que se refiere a la aplicación del precio que se obtenga, queda conculcado el espíritu que informa el Decreto de 20 de Agosto de 1931.

El Presidente de la República, a propuesta del Ministro de Justicia, y de acuerdo con el Consejo de Ministros, decreta:

Artículo único. Se autoriza al excelentísimo Sr. Obispo de la Diócesis del Priorato-Ciudad Real para que pueda efectuar la venta del edificio-iglesia titulado del Carmen, sito en las afueras de la población y propiedad del Obispado, a la Excma. Diputación provincial de Ciudad Real, con objeto que se puedan hacerse las correspondientes obras para que queden unidos el antiguo pabellón del Hospital provincial y el nuevo construido recientemente, aplicando el importe que se obtenga de la venta al pago de 60.000 pesetas que importa el déficit de las obras de construcción ejecutadas en las iglesias parroquiales de Carrizosa, Almedina y Mestanza, quedando igualmente autorizados el Notario y Registrador para otorgar e inscribir el documento público correspondiente a que pueda dar lugar esta autorización, y debiendo darse cuenta el Ministerio de Justicia del acto que se lleva a cabo, del precio obtenido en la venta y remitir los justificantes de la liquidación efectuada por lo que respecta a las iglesias parroquiales citadas, para que dichos datos se unan al expediente, y quede así salvaguardado el espíritu que informa el Decreto restrictivo.

Dado en Madrid a veintiocho de Enero de mil novecientos treinta y tres.
NICETO ALCALA-ZAMORA Y TORRES
El Ministro de Justicia
ÁLVARO DE ALBORNOZ Y LIMINIANA

La evolución del conjunto hospitalario en este periodo –1915, 1933, 1940– se define con la presencia de los dos núcleos diseñados por Vicente Hernández y Telmo Sánchez y los dos edificios para manicomios de hombres y mujeres en posición posterior. El espacio ocupado por la iglesia y el antiguo hospital ya ha sido liberado con su demolición.

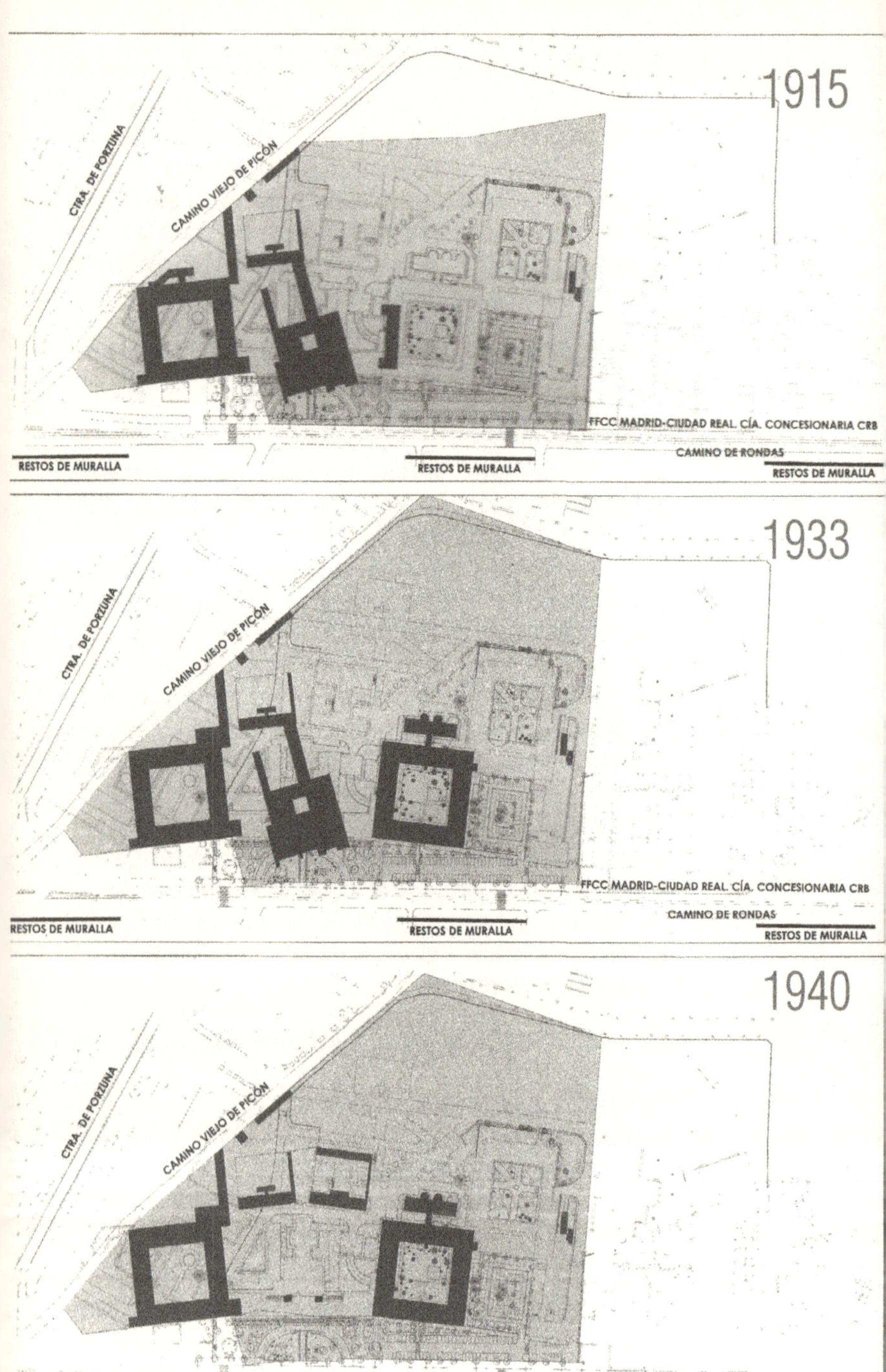

Esquema de la evolución, 1915-1933-1940. Alejandro Moyano

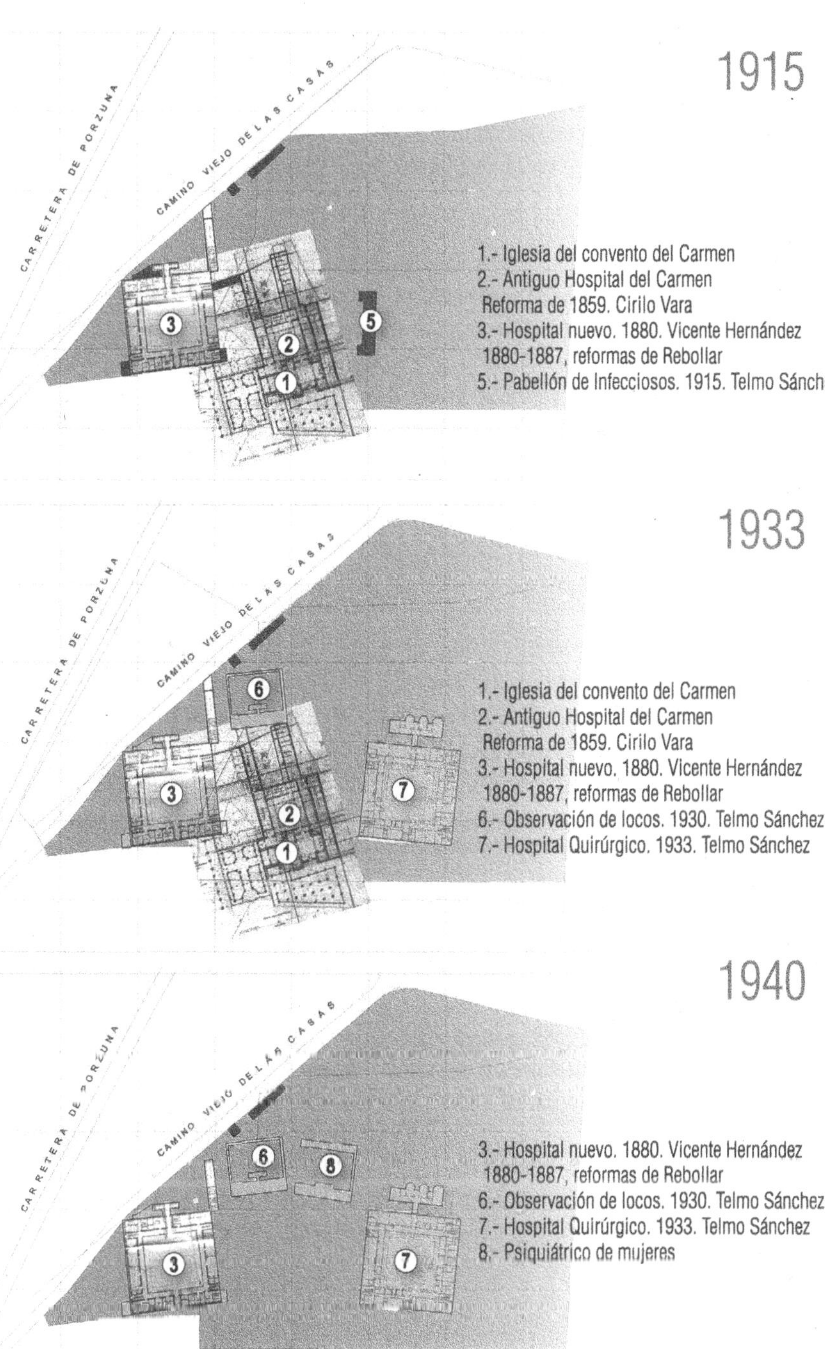

Esquema de la evolución, 1915-1933-1940. Diego Peris

El Pabellón central del Hospital. Arturo Roldán Palomo

En 1934 Telmo Sánchez realizó un anteproyecto de un edificio denominado Pabellón Central que desarrolla con plantas y alzados.

La Memoria de 1939 de la Diputación Provincial hacía un repaso de las instalaciones que la institución tenía en ese momento:

> para el cumplimiento de los fines benéfico-sanitarios se dispone de los siguientes establecimientos: un grupo formado por el Hogar provincial, casa de ancianos, casa de cuna y maternidad en los que se tiene recogidos a 485 desvalidos consignándose para su sostenimiento 678.675 pesetas, cantidad que habrá que ampliar en el curso del presupuesto, tanto por el aumento de la población asilada, como por el alza de los artículos de primera necesidad; otro grupo está formado por el manicomio de mujeres, ídem de hombres, pabellón de infecciosos y Hospital provincial en los que se encuentran amparo y protección 5.430 enfermos, siendo el total de gastos presupuestado de 1.118.400 pesetas [87].

En ese momento se disponía de dos pabellones destinados a manicomio con capacidad para 112 hombres y 130 mujeres "si bien ni uno ni otro reúnen las condiciones para esta clase de dolencias, por ello se impone la construcción de uno nuevo" [88]. El Manicomio seguía presentando numerosos problemas.

> El número de enfermos mentales tratados en 1931 fue de 147 (81 varones y 66 mujeres), en 1932, 201 (111 varones y 90 mujeres). La Diputación venía sosteniendo a dementes pobres de la provincia en el Manicomio de Varones de Ciempozuelos en número de 92 y en el de Mujeres 33; asimismo en el de mujeres de Palencia 14 y en Navarra 1 mujer.
>
> En 1933, 247 (162 varones y 85 mujeres), produciéndose traslados de otras provincias a Ciudad Real ya que el Hospital Viejo fue habilitado para manicomio de hombres [89].

En la fotografía de E. Berriochoa de 1940 ya se aprecian los dos edificios de Manicomio de hombres y de mujeres y el espacio liberado tras la demolición de la iglesia y el primitivo Hospital.

De los edificios se dice:

> se dispone de un moderno edificio dotado de dos magníficos quirófanos con material moderno, este edificio es capaz para

1940. Berriochoa

> 425 o 450 camas, si bien en la actualidad sólo dispone de 275 por tener ocupado parte de él las fuerzas militares de guarnición de esta plaza[90].

Los momentos posteriores a la Guerra Civil hicieron que los servicios benéfico-sanitarios necesitasen de un importante impulso.

En la Memoria de 1946 relativa al período 1943-46 el presidente Evaristo Martín Freire explica el lamentable estado en que se encuentra todavía el hospital, un conglomerado en el que se mezclaban actividades y se superponían servicios.

> El Hospital Provincial constituía un verdadero conglomerado. En el Pabellón de Medicina habitaban dementes, infecciosos y aparecían instalados los servicios generales de los grupos de Hermanas de la Caridad. En el Pabellón de Infecciosos, en cambio, se albergaban las locas, mientras por las galerías del Hospital circulaban visitantes, médicos, camillas con enfermos etc. No existen tampoco consultas públicas, ni Salas de clasificación y desinfección, ni Laboratorios de análisis clínicos y a la par de todo ello, la calefacción era prácticamente nula, obligando a cuantiosos dispendios de alcohol por tener los quirófanos a la temperatura operatoria necesaria. En el Manicomio se carecía de clínica moderna y de tratamiento adecuado, así como de lugares de distracción y recreo para los dementes[91].

En 1943 se adjudicaban las obras de calefacción.

> Visto el informe del arquitecto provincial en relación con las proposiciones presentadas al concurso convocado para adjudicación de las obras de calefacción y agua caliente en los edificios del Hospital Provincial, se acordó adjudicar aquellas a la Casa Boetticher y Navarro, S. A. de Madrid, por un total de 601.200 pesetas, siempre que acepten los reparos formulados por el arquitecto, a cuyo efecto se trasladarán a Madrid este y el gestor Visitador del Hospital.

decía el informe del concurso.

En 1944 se estaba estudiando por ello unas nuevas instalaciones. Dado el tratamiento deficiente del manicomio se decide el ingreso de 30 enfermos en Ciempozuelos y ese mismo año se decide la compra de un aparato para realizar la terapéutica del *electro-choc*[92].

Por todo ello se plantea la construcción del denominado Pabellón de ingreso.

> Con los recursos ordinarios se ha comenzado la construcción del Pabellón de ingreso al Hospital con un coste de 2.660.833,35 pesetas. En él van instaladas las consultas públicas, servicios de Farmacia, Rayos X, Salas de clasificación y desinfección, Laboratorios de análisis clínicos, Residencia de la Comunidad, Servicios administrativos y capilla. En los sótanos va instalada la central térmica de calefacción de agua caliente para todos los grupos hospitalarios y manicomiales, siendo el importe de la misma 595.000 pesetas. Con la construcción de este Pabellón y la de las Clínicas de tratamiento del manicomio, que al hablar del presupuesto extraordinario se señalarán, queda resuelto el problema que sobre el Hospital y Manicomio dejamos apuntado. El Pabellón actualmente dedicado a infecciosos, Locos, etc. quedará solo para Manicomio. A él pasarán también los dementes y el lugar que estos ocupan los infecciosos, quedando así totalmente separados los servicios de uno y otro centro benéfico, ganando el Hospital nuevas salas, en las que podrá instalarse mayor número de camas[93].

El proyecto arquitectónico del Pabellón de Ingreso ha sido redactado por el arquitecto Arturo Roldán Palomo[94] que diseña un edificio de una planta para hacer la construcción lo más sencilla posible.

Arturo Roldán Palomo es uno de los arquitectos de la primera mitad del siglo XX que tiene más obra construida en la provincia de Ciudad Real, con un lenguaje personal que es una buena muestra de los cambios que se están produciendo en la arquitectura en esos momentos. Titulado en 1935, fue arquitecto provincial del Instituto Nacional de la Vivienda y de la OSHA y en su etapa final fue arquitecto municipal en Madrid.

Ya en 1939 realizaba un proyecto de viviendas en Arenas de San Juan y en 1943 otro grupo en Almodóvar del Campo. En 1949 realiza uno de sus proyectos urbanísticos más importantes, el de la población de Villanueva de Franco (hoy en día Consolación). Un conjunto que se adelanta en el tiempo a los proyectos del Instituto Nacional de Colonización y que sigue, en gran medida, los planteamientos de estas poblaciones...

El Grupo Vicente Galiana es un conjunto de viviendas unifamiliares de dos plantas con una pequeña zona libre en su parte delantera. Viviendas de construcción sencilla y con una imagen de arquitectura popular que crean una pequeña ciudad en el interior de Ciudad Real.

En Ciudad Real la promoción de vivienda pública viene directamente desde las diferentes administraciones. La Diputación Provincial promueve dos grupos de viviendas en solares de su propiedad. El grupo José Antonio en la esquina de las calles Audiencia y Calatrava se inicia en 1943 y se termina en 1946, al igual que el grupo Francisco Franco en la calle Ruiz Morote.

Roldán Palomo realiza en 1940 un anteproyecto para el Hospicio y en 1945 el proyecto de cuartel de la Policía Armada. En 1943 había realizado el proyecto de campos de deportes para la OSHA y un proyecto de iglesia. Pero probablemente sus proyectos más interesantes se realizan en relación con las infraestructuras del Hospital Provincial[95].

Con las obras comenzadas se plantea la necesidad de construir una capilla y un espacio para la comunidad de hermanas lo cual hace que se replantee el proyecto para construir dos plantas.

La Memoria publicada por la Diputación recoge los planos originales del edificio de una sola planta y los modificados con las dos alturas. Aparecen fotografías en las que se aprecian los muros de la primera planta ya levantados y el acceso al sótano para ambulancias con un grupo de obreros descansando en esa zona.

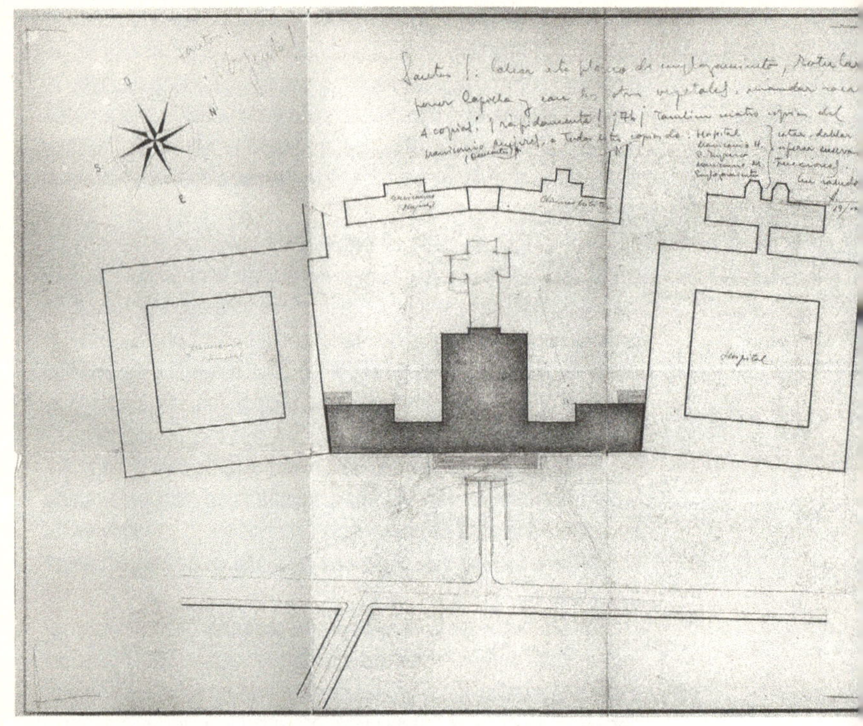

Las obras han sido adjudicadas inicialmente con una inversión de 1.726.655,01 pesetas para el año 1943 y 934.178,32 para el año 1944[96].

El proyecto inicialmente proyectado y adjudicado con una sola planta se modificará por uno de dos plantas que describe así el autor de este:

> En un principio y para evitar toda complicación de orden constructivo se proyectó un edificio de una sola planta, cuyas obras fueron subastadas y adjudicadas. Mas, a poco de comenzadas, se vio la necesidad de ampliar el programa para dar alojamiento a la Capilla y a la Comunidad de Hermanas. En consecuencia, se redactó, sobre la planta de cimientos del anterior proyecto, otro totalmente nuevo desarrollado en dos plantas al que corresponden las obras que en la actualidad se ejecutan[97].

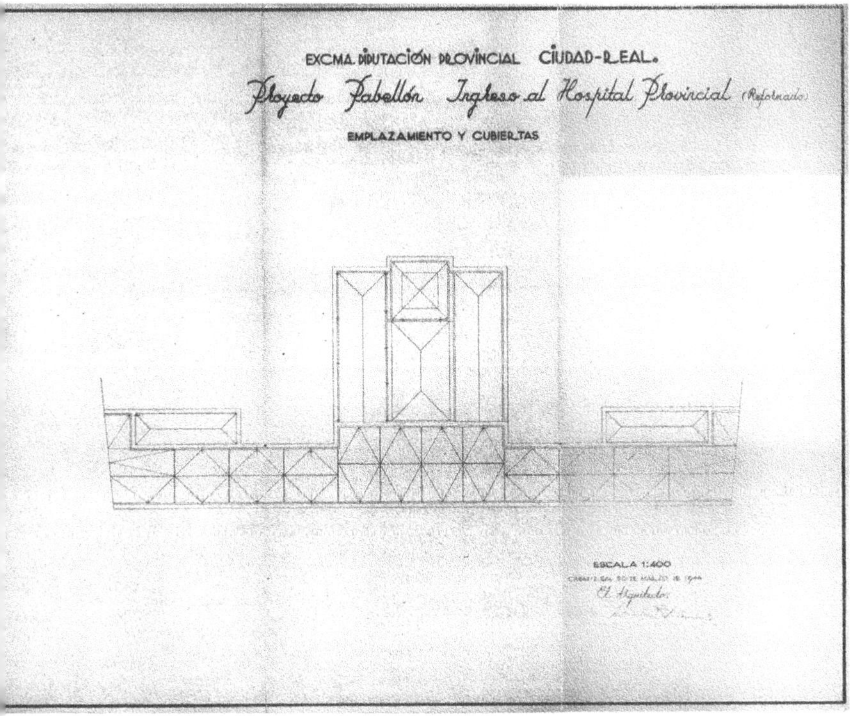

EXCMA. DIPUTACIÓN PROVINCIAL CIUDAD-REAL.
Proyecto Pabellón Ingreso al Hospital Provincial (Reformado)
EMPLAZAMIENTO Y CUBIERTAS
ESCALA 1:400

Emplazamiento. ADPCR

EXMA. DIPUTACIÓN PROVINCIAL de CIUDAD-REAL
Proyecto de pabellón de Ingreso al Hospital Provincial
Sección EF · ESCALA 1:50

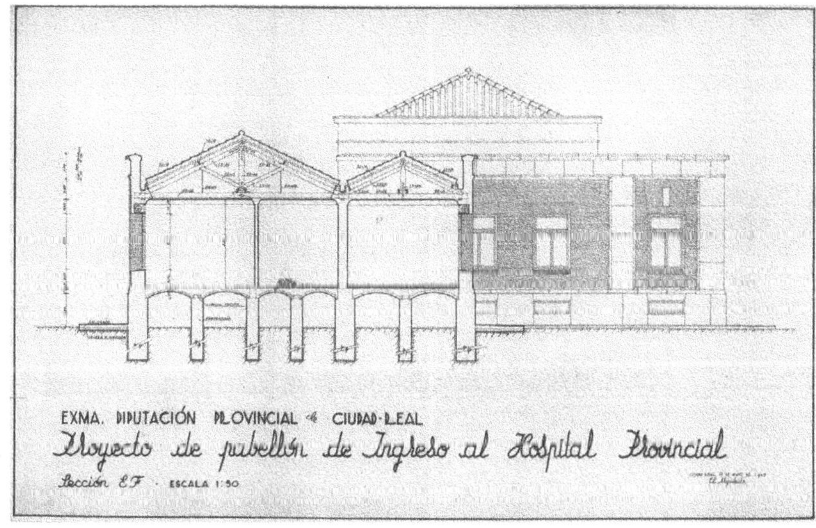

Alzado y sección Pabellón de Ingreso. ADPCR

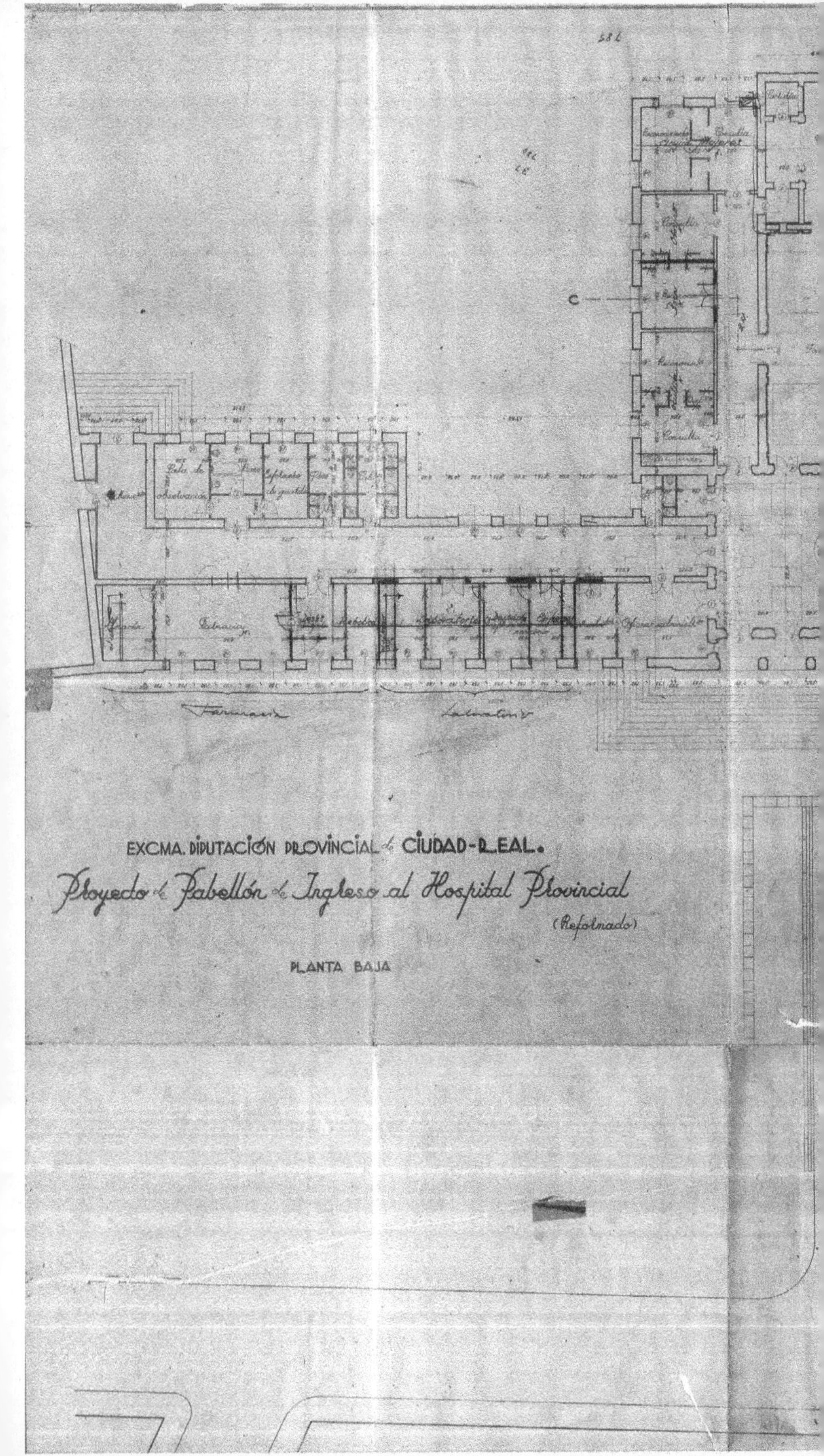
EXCMA. DIPUTACIÓN PROVINCIAL de CIUDAD-REAL.
Proyecto de Pabellón de Ingreso al Hospital Provincial
(Reformado)
PLANTA BAJA

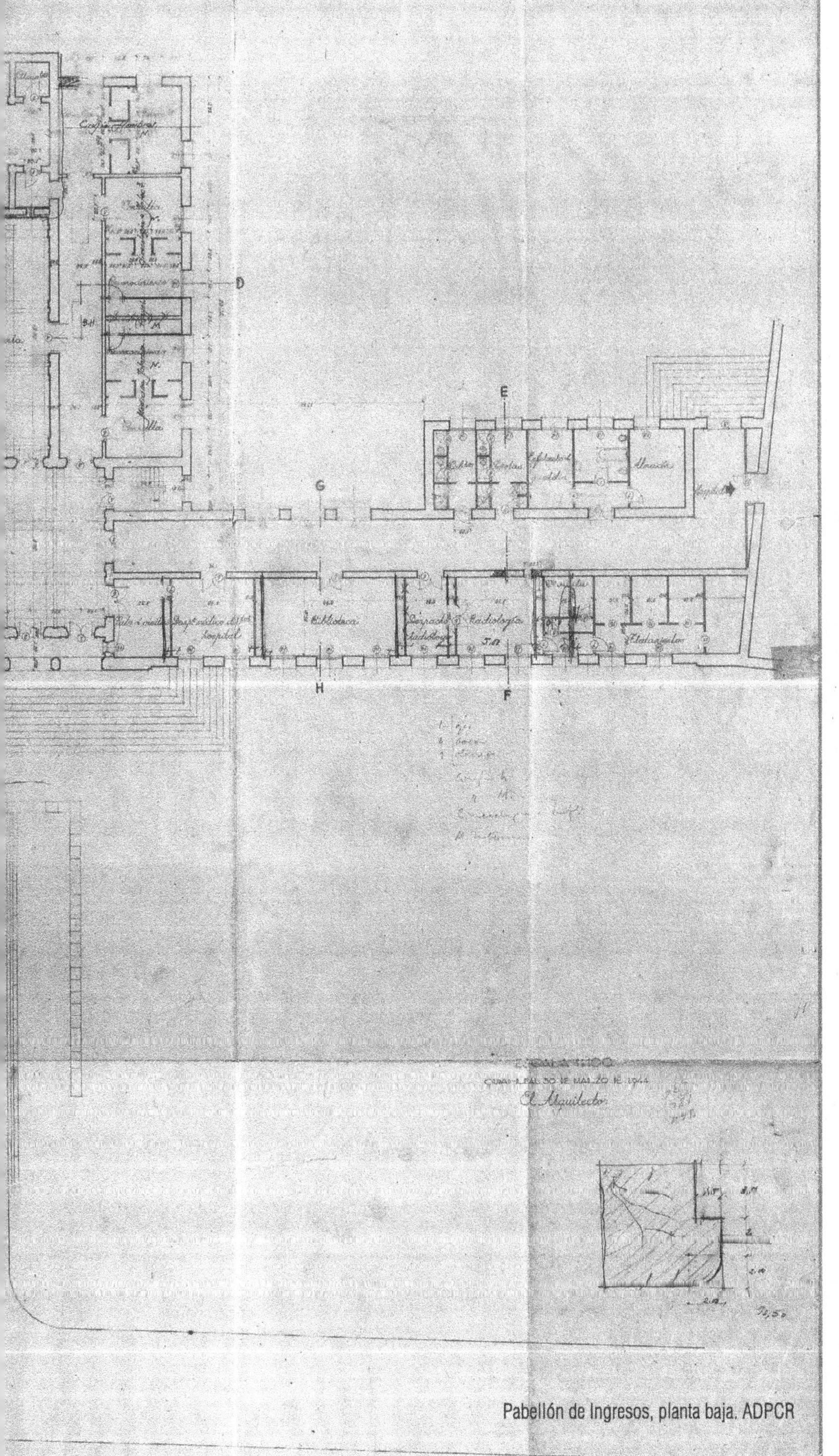

Pabellón de Ingresos, planta baja. ADPCR

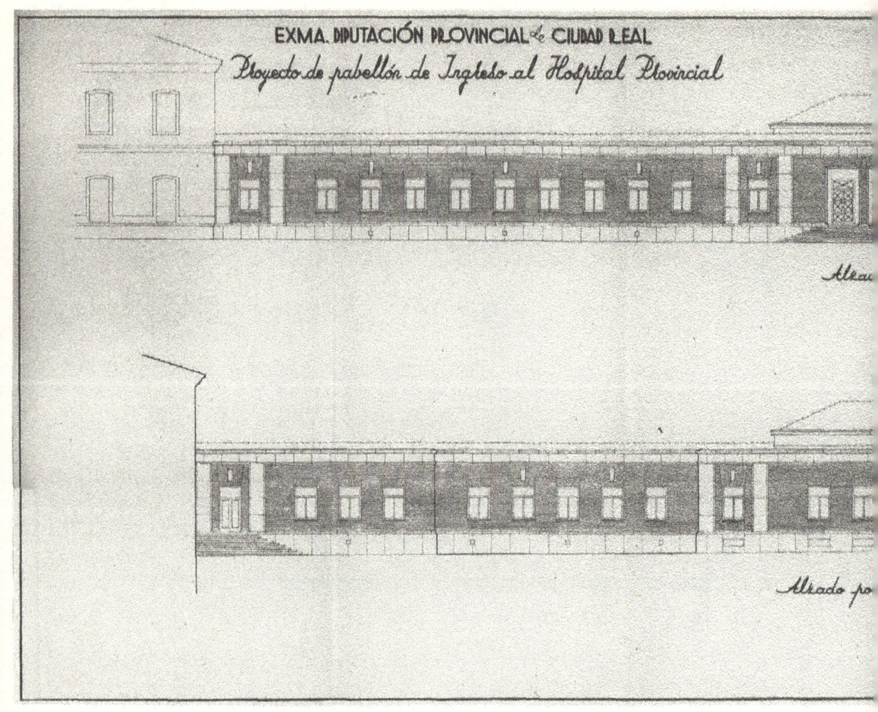

Pabellón de Ingreso. Alzados de fachadas principal y posterior. ADPCR

Un edificio con planta en U con un cuerpo central realizado en granito de doble altura detrás del cual se sitúa la fachada de ladrillo visto. Una composición clásica de proporciones equilibradas resuelta con calidad constructiva.

> En este alzado es la composición equilibrada de las medidas y el uso sobrio de los materiales los que le confieren su dignidad y su valor arquitectónico simbólico estableciendo un cuerpo de ingreso en el conjunto que valora la realidad de todo el conglomerado posterior existente. En esta época se construye en Ciudad Real la delegación de Hacienda, el Seminario, el Instituto Provincial de Higiene y la Escuela de Artes y Oficios que se construyen de acuerdo con los modelos de la autarquía [98].

Un edificio con un frente de 93 metros de longitud y un cuerpo central de 15 metros con cinco vanos entre columnas. A cada lado del

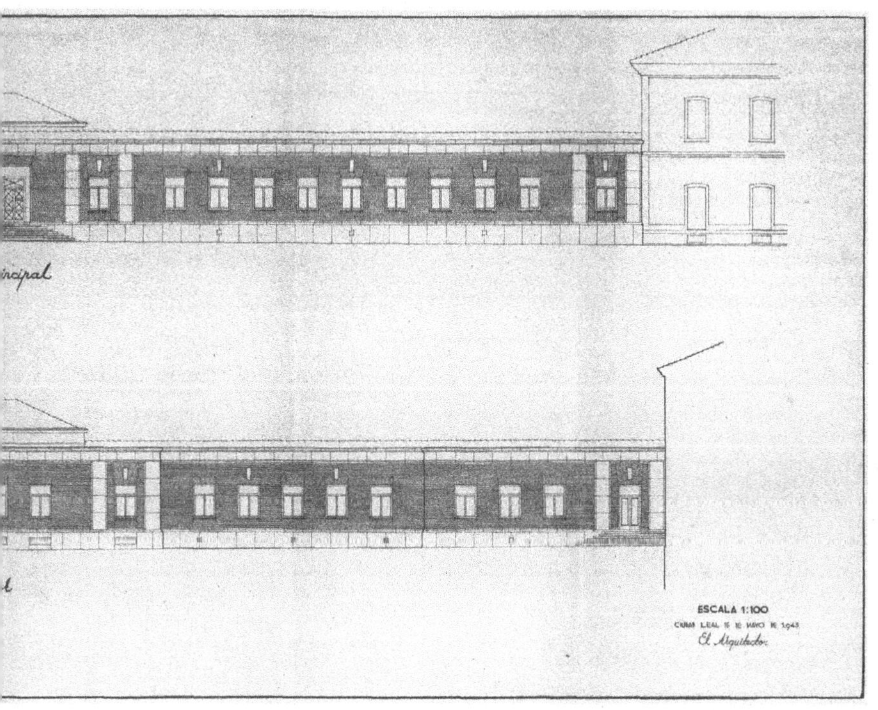

cuerpo central once huecos que se repiten a ritmos regulares dando unidad al conjunto en estos planos construidos en ladrillo visto. La parte posterior del edificio es más compleja e irregular con los cuerpos salientes de una sola planta como pabellones independientes. Del volumen posterior sobresale el cuerpo de la iglesia de planta de cruz latina. La sección del edificio por la rampa pone de manifiesto las tres plantas del conjunto (sótano y dos superiores) y la diferencia entre los volúmenes construidos. El volumen de la entrada con sus dos plantas, el posterior con una sola altura y cerchas de cubierta para cubrir las luces importantes y el volumen de la capilla con la elevación del crucero[99]. Un edificio que, dentro de su concepción clásica, supone una ruptura con los planteamientos formales de anteriores edificaciones y la introducción de un fragmento especialmente cualificado en el conjunto hospitalario.

En las fotografías de época está el Pabellón Central y los dos edificios laterales proyectados por Vicente Hernández a la izquierda y el proyectado por Telmo Sánchez a su derecha.

Pabellón de Ingreso en el Hospital Provincial — Alzado principal del Proyecto definitivo

Pabellón de Ingreso en el Hospital Provincial — Alzado posterior del Proyecto definitivo

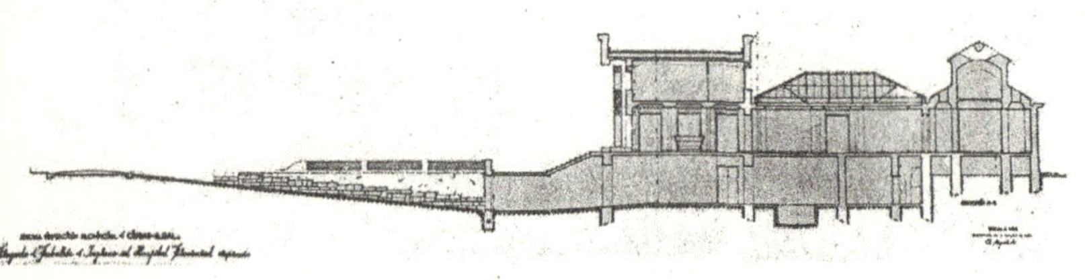

Pabellón de Ingreso en el Hospital Provincial — Sección por la Rampa de Ambulancias del Proyecto definitivo

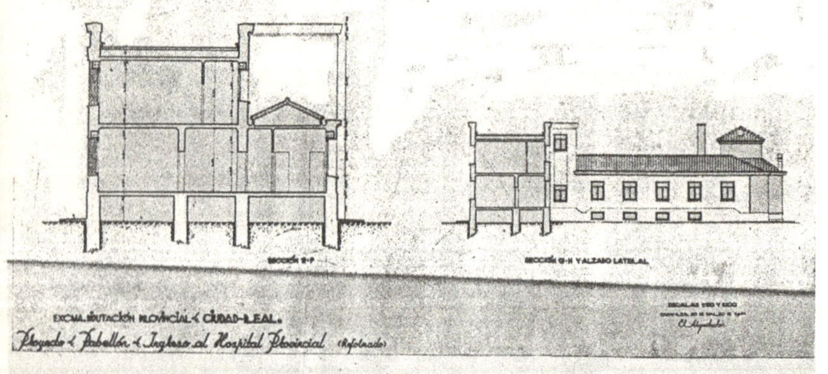

Pabellón de Ingreso en el Hospital Provincial — Secciones del Proyecto definitivo

Pabellón de Ingreso del Hospital Provincial. Alzados y secciones. ADPCR

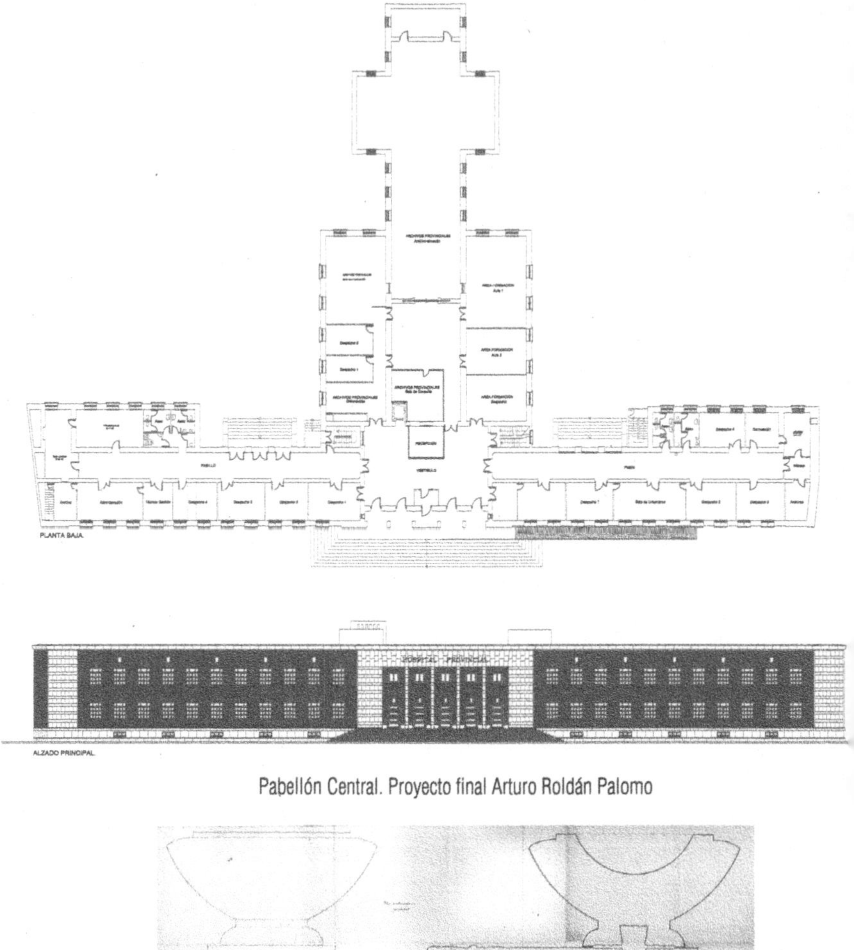

PLANTA BAJA

HOSPITAL PROVINCIAL

ALZADO PRINCIPAL

Pabellón Central. Proyecto final Arturo Roldán Palomo

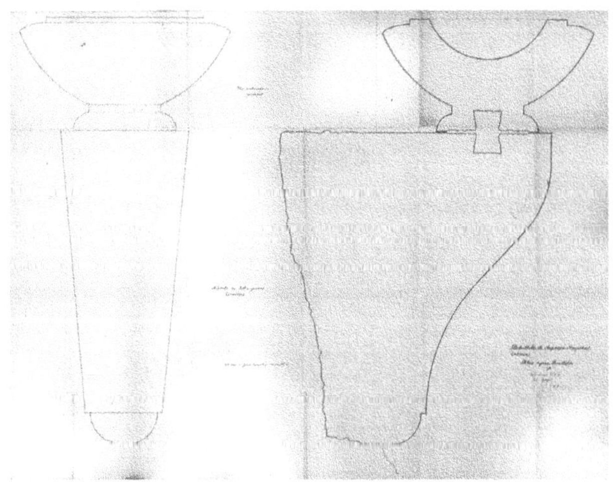

Pabellón de Ingreso. Diseño para la pila de agua bendita. ADPCR

Vista general del Hospital Provincial de la Beneficencia de Ciudad Real. Consejo General de Colegios Médicos de España, 18, Marzo 1948

A la izquierda. 1940, Berriochoa. AHM

Abajo. 1951, Berriochoa. AHM

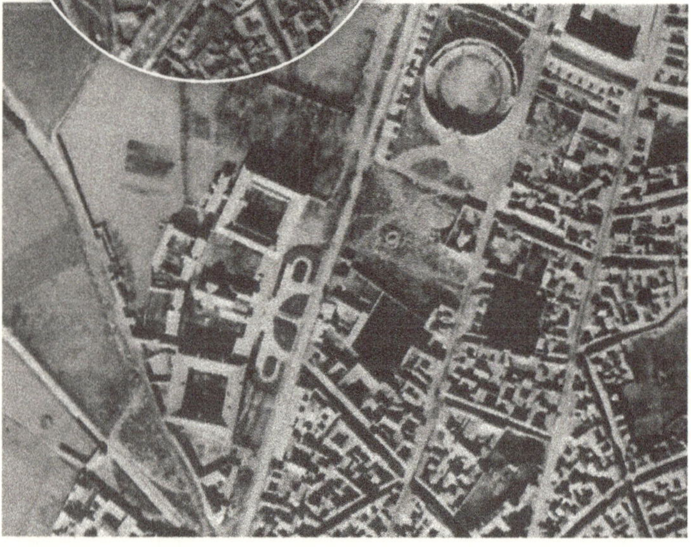

Las fotografías aéreas de 1940 y 1950 de Berriochoa dan cuenta de la transformación que supone la presencia de este edificio [100].

Durante los años 1939 a 1945 continúan las inversiones para el mantenimiento y mejora de la instalación hospitalaria [101].

En 1947 se construyó, en la barriada del Pilar, el Sanatorio del 18 de Julio un edificio proyectado por Isidro Vital Gutiérrez. El 18 de Julio era un organismo que dependía de la Organización Sindical. Inicialmente era una organización de asistencia médica y hospitalaria, aunque más tarde se convertiría en un organismo a cargo de la Seguridad Social y de la prestación del Seguro de Enfermedad Obligatorio. En 1971 se integraría dentro de la estructura de la Seguridad Social.

18 de julio durante sus primeros años de funcionamiento

18 de julio en funcionamiento

El edificio se situaba en el borde del barrio del Pilar promovido por el gobernador civil Jacobo Roldán,

> El barrio fue filmado por NODO en 1948 y en su borde se construyó un consultorio-sanatorio, con planta en U, con 1811 metros cuadrados de superficie por la Obra del 18 de Julio, con un lenguaje racionalista, obra de Isidro Vidal Gutiérrez [102].

En las últimas décadas del siglo XX funcionarán en la ciudad algunas clínicas privadas. El Sanatorio de Nuestra Señora del Rosario, fundado en 1945 por el doctor Anastasio Martín Pérez en el que prestaron sus servicios las religiosas Siervas de María. Estuvo situado en la calle Alarcos n.º 33 y fue mandado construir por la familia García de la Rubia como residencia familiar. El constructor fue el contratista de obras Federico Fernández González, conocido popularmente en toda la ciudad como el maestro Federo. Se trataba de una amplia edificación que constaba de planta baja y dos alturas, con fachada a la calle Alarcos y Tinte, teniendo su entrada por la calle Alarcos. A finales de la década de los años 70 del siglo XX y después de 33 años de actividad, Anastasio Martín cerró el Sanatorio del Rosario y el edificio quedó sin actividad.

Publicidad del Sanatorio Santa María del Prado, situado en la calle Toledo, asistido por monjas teatinas y dirigido por el doctor Eduardo Rodríguez Arévalo. 1962

Otros sanatorios que funcionaban en estos momentos eran el de Nuestra Señora del Prado en la calle Toledo, o el del doctor Barrejón en la calle Refugio, referentes de la historia de la medicina de Ciudad Real en gran parte del siglo XX.

Las imágenes del Archivo del Consejo General del Colegio de Médicos de España que titulan Hospital de la Beneficencia de Ciudad Real dejan constancia de la situación interior del edificio hospitalario en 1948.

Despacho de una sala del Hospital Provincial de la Beneficencia de Ciudad Real

Laboratorio

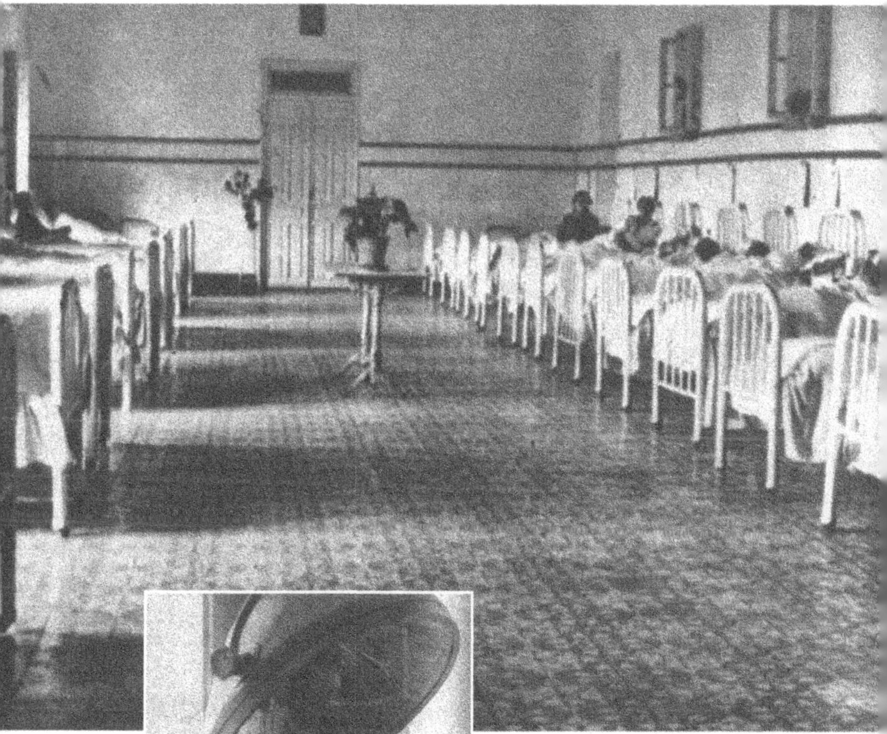

Sala de hospitalización

Rayos X

Quirófano

Fotografías de 1948 del Hospital Provincial de la Beneficencia de Ciudad Real. Consejo General de Colegios Médicos de España. 18 de marzo de 1948

52 ADPCR. Centros vinculados a la Diputación, caja 2939. ADPCR, Memorias de Beneficencia, caja 3170, 1908.

53 ADPCR. Arquitectura y obras. Registro 17.

54 Imagen del artículo de CAYUELA FERNANDEZ, José Gregorio y ABAD GONZÁLEZ, Pedro. "La Restauración y la Dictadura (1871-1931)" en *Historia de la Diputación Provincial de Ciudad Real (1835-1999).* Ciudad Real, 1999, Diputación Provincial, pp. 147-185, p. 158.

55 *Vida Manchega* de 12 de diciembre de 1912 publicaba dos imágenes curiosas: la primera de ellas una prueba en la huerta del hospital con el arado sistema Guval con la presencia del director de la Granja y de la Comisión Provincial. Otra segunda imagen del Dr. D. Federico Fernández y Alcázar, inspector de sanidad, médico de la sección de cirugía del hospital provincial de Ciudad Real, donde tan notables operaciones se vienen realizando. Puede consultarse en la hemeroteca digital de la Biblioteca Nacional. http://hemerotecadigital.bne.es/issue.vm?id=0004299628&search=&lang=es. Consulta octubre 2018.

56 *Vida Manchega*, 17 abril 1918.
https://ceclmdigital.uclm.es/viewer.vm?id=0001654812&page=4&search=Hospital%20del%20Carmen&lang=en&view=prensa

57 *Vida Manchega*, 12 de abril de 1920, número 2840.

58 García Consuegra, Mariano, 2012. *La epidemia de gripe de 1918 en la provincia de Ciudad Real.* Tesis doctoral, UCLM. Publicación 2021, IEM.

59 Jiménez Villalta, Enrique, 2013. *Epidemias y salud. Ciudad Real: del cólera de 1833 a la gripe de 1918*, Ciudad Real, Diputación Provincial, BAM.

60 *Vida Manchega*, 11 de noviembre de 1916.

61 La viruela (del latín *variola*: 'pústula pequeña') fue una enfermedad infecciosa grave, contagiosa y con un alto riesgo de muerte, causada por el virus *Variola*, en el siglo XIX. El último caso de contagio natural se diagnosticó en octubre de 1977 y, en 1980, la Organización Mundial de la Salud (OMS) certificó la erradicación de la enfermedad en todo el planeta. En 1958, Víktor Zhdánov, el viceministro de Salud de la Unión Soviética, propuso a la Asamblea Mundial de la Salud una iniciativa global conjunta para erradicar la viruela. La propuesta fue aprobada en 1959 bajo el nombre de "resolución WHA11.54".

62 Cayuela Fernández, José Gregorio y Abad González, Pedro. 1999, p. 165.

63 ADPCR. Memoria de la Diputación, 1924, leg. 3376.

64 Cayuela Fernández, José Gregorio y Abad González, Pedro. 1999, p. 166.

65 El inspector jefe de vigilancia Martín Sofi Heredia levantó en 1925 un plano de la ciudad, con detalle de los usos de sus edificios, que contiene una importante información sobre la ciudad en ese momento. El plano está supervisado por el Ayuntamiento.

66 Cayuela Fernández, José Gregorio y Abad González, Pedro. 1999. "La Restauración y la Dictadura (1871-1931)" en *Historia de la Diputación Provincial de Ciudad Real (1835-1999).* Ciudad Real, 1999, Diputación Provincial, pp. 147-185, p. 165.

67 ADPCR. Memoria de la Diputación, 1924, leg. 3376.

68 Peris Sánchez, Diego, 2023. *100 años del edificio de Alcázar de San Juan*, Francisco Alonso Martos. https://www.academia.edu/108426852/GRUPO_ESCOLAR_ASJ

69 Cayuela Fernández, José Gregorio y Abad González, Pedro. 1999, p. 167.

70 ADPCR, Arquitectura y Obras, Registro 20. El proyecto estaba valorado en 218 786,56. Los honorarios del arquitecto eran un 4,5% es decir 9421,43.

71 Moyano Gómez, Alejandro y Moyano Enríquez de Salamanca, Amparo, 2021, *Ciudad Real 1810-2020, dos siglos de transformaciones*, Ciudad Real, Diputación Provincial, BAM, p.126-129.
Walter Mittelholzer era fotógrafo y piloto; comenzó su actividad como piloto militar y posteriormente fundó con otros compañeros una empresa de vuelos.

72 ADPCR. Arquitectura y obras. Reg. 40.

73 Peris Sánchez, Diego, 1999. p.375. ADPCR, Arquitectura y obras. Registro 20
Cayuela Fernández, José Gregorio y Abad González, Pedro, 1999, p. 167

74 Peris Sánchez, Diego, 2022. "Telmo Sánchez y Octavio de Toledo", *Lanza* 19 de junio de 2022.

75 José Arias Rodríguez fue arquitecto municipal de Ciudad Real sustituyendo a Florián Calvo. Realizó una arquitectura con formas simplificadas, próximas al racionalismo, desarrollada con materiales sencillos. En 1923 proyectó el edificio de la Audiencia Provincial (en el solar donde hoy se ubica el edificio de Correos), en 1927 la ampliación de la torre del Ayuntamiento (ya desaparecido), en 1931 la Casa de Socorro en la esquina de esa misma calle (edificio también desparecido), reformas en el Parque de Gasset en 1932, el Mercado de Abastos en 1934 y la Casa Fuertes también en 1934. En 1945 proyectó el Garaje Ford con una cierta condición maquinista y abstracta como reducto del lenguaje racionalista de diferentes edificios de la ciudad.

76 VV.AA. *Ciudad Real 1931-1934.* Ciudad Real, Agrupación Socialista de Ciudad Real. Homenaje a José Maestro.

77 Peris Sánchez, Diego, 2004. "De Republica y Arquitectura", en *Revista Formas de arquitectura y arte*, n.º 8, tercer trimestre 2004, Colegio Oficial de Arquitectos de Ciudad Real, pp.16-25

78 *Ordenanzas Municipales.* Ciudad Real, Ayuntamiento de Ciudad Real, 1933, Talleres tipográficos Calatrava, capítulo IX del Título 1, art. 46, p.11.

79 Peris Sánchez, Diego, 1999. p. 376.

80 ADPCR. *Memoria de la Diputación*, 1933, Caja 3387, 9 y 10.

81 ADPCR. *Memoria y datos estadísticos de la gestión realizada por la intervención de este establecimiento durante el año 1933*, 1933, p.11, caja 3387.

82 ADPCR. 1928. Proyecto de Hospital Quirúrgico. SANCHEZ, Telmo.
El proyecto tenía un presupuesto de 182 056,84 pesetas a lo que se sumaba un 15% de imprevistos (27 308,49 que sumaban un total de 209 365,13. Sobre esta cantidad se calculaba un 4,5% de Arquitecto (9421,43) resultando un presupuesto total de 218 786,56 pts.

83 El periódico *El Pueblo Manchego* de 28 de abril de 1933 daba cuenta de la noticia.

84 ADPCR, Arquitectura y Obras, Registro 20. El presupuesto del proyecto es de 218 786,56 pesetas y los honorarios del arquitecto el 4,5 % es decir 9421,43).

85 Peris Sánchez, Diego, 1999. p. 377.

86 *Gaceta de Madrid*, núm. 33, 2 de febrero de 1933.

87 ADPCR, *Memoria 1939*, Memoria mecanografiada, caja 3387, p. 26.

88 ADPCR, *Memoria 1939*, mecanografiada, caja 3387, p. 27.

89 Ladrón de Guevara Flores, Mari Paz, 1999. "República y guerra (1931-1999), en VV. AA., *Historia de la Diputación Provincial de Ciudad Real (1835-1999)*. Ciudad Real, 1999, Diputación Provincial, pp. 231-246, p.239.

90 ADPCR. *Memoria 1939*, caja 3387.

91 ADPCR. Evaristo Martín Freire. 1946, *Tres años de labor provincial*.

92 ADPCR. *Memoria 1944*, caja 3387, p. 24.

93 ADPCR. *Resumen de la labor realizada por esta Diputación desde 1.º de abril de 1939 (final de la guerra de liberación) hasta 31 de diciembre de 1945*, Ciudad Real, 1945, Imprenta de la Excma. Diputación Provincial de Ciudad Real.

94 Arturo Roldán Palomo fue arquitecto provincial de Ciudad Real, arquitecto del INV y de la OSHA y después arquitecto municipal de Madrid.

95 Peris Sánchez, Diego, 2022. "Arturo Roldán Palomo", en diario *Lanza*, 6 marzo 2022.

96 Peris Sánchez, Diego, 1999. p. 381.

97 Roldán Palomo, Arturo, 1945. "Memoria del Servicio de construcciones civiles. Proyecto del Pabellón de Ingreso en el Hospital" en *Resumen de la labor realizada por esta Diputación desde 1.º de abril de 1939 (final de la guerra de liberación) hasta 31 de diciembre de 1945*.

98 Peris Sánchez, Diego, 1999. p. 382.

99 El edificio se utilizó durante años como Escuela de Enfermería y ahora alberga un conjunto de Servicios Técnicos de la Diputación Provincial. La iglesia se ha rehabilitado como Archivo provincial.

100 Moyano Gómez, Alejandro y Moyano Enríquez de Salamanca, Amparo, 2021. p. 270. Reproduce las dos imágenes; la primera cedida por Cabanes y la segunda del AHM.

101 ADPCR. 1945, *Resumen de la labor realizada por esta Diputación desde 1.º de abril de 1939 (final de la guerra de liberación) hasta 31 de diciembre de 1945*. Las inversiones realizadas en la conservación son: año 1939: 9103,97; año

1940: 7751,45; año 1941: 19 827,28; año 1942: 11 371,14; año 1943: 43 707,15; año 1944: 42 197,09; año 1945: 134 562,14.

102 Peris Sánchez, Diego, 2019. *Espacios y tiempos en Ciudad Real. La ciudad exterior*, Ciudad Real, Ciudad Real Ensayo, Serendipia, p. 140.

4 LA SEGUNDA MITAD DEL SIGLO XX

A pesar de los esfuerzos en los años anteriores, la situación presentada por los diferentes servicios era bastante precaria en general. Probablemente el hospital psiquiátrico planteaba las mayores deficiencias como se reconocía en mayo de 1961, pero la insuficiencia de presupuesto obligó a buscar soluciones transitorias que no hacían más que prolongar la lenta agonía de sus establecimientos [103].

Los años sesenta y setenta

En la década de los años sesenta la Diputación Provincial sigue realizando importantes inversiones dado que el conjunto sanitario sigue presentando importantes deficiencias en aspectos como el hospital psiquiátrico. En 1961 se proyectan nuevas ampliaciones en la zona ocupada por los jardines posteriores en contacto con los edificios existentes.

De 1961 hay un proyecto de Zacarías Malumbres para un pabellón con dos elementos de planta rectangular unidos por una pieza transversal. Un ritmo uniforme de 15 huecos marca la composición de las fachadas. Se quieren ampliar los servicios de infecciosos, sanatorio psiquiátrico de hombres y mujeres, maternidad y reeducación de niños poliomielíticos con cerca de doscientas camas [104]. El proyecto se presupuesta en 15 877 304,33 pesetas. El edificio es de gran simplicidad formal con un ritmo continuo de huecos en sus fachadas de dos plantas.

Por otra parte, se plantea una ampliación en otro extremo del conjunto hospitalaria, a la derecha del edificio proyectado por Telmo Sánchez. Las obras del nuevo pabellón comienzan en 1962 según proyecto de Zacarías Malumbres Oteiza. Un proyecto que se denomi-

En la página anterior. Dormitorio de la Casa Cuna, *Boletín Informativo Municipal*, 06.03.1962

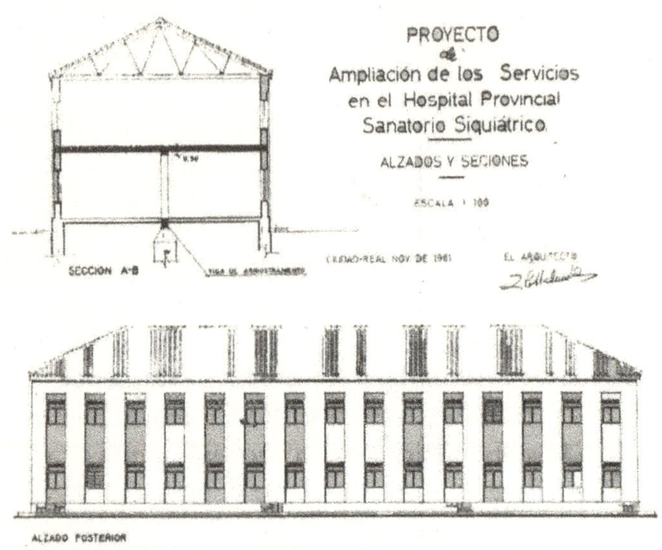

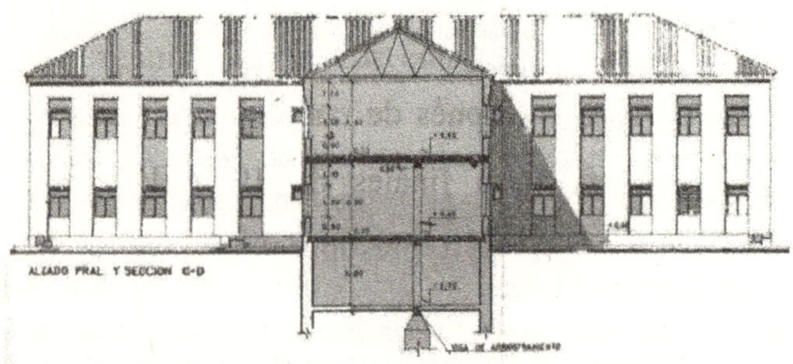

Sanatorio Psiquiátrico. 1961. Zacarías Malumbres. ADPCR

na "Ampliación de los servicios del Hospital Provincial". En un alzado que acompaña a la Memoria se indican zonas de niños, quirófano, maternidad e infecciosos.

En estos momentos el Hospital del Carmen tiene una gran superficie de terreno y una granja agrícola en su interior con establo y vaquería que produce 50 474 litros de leche al año [105]. Zacarías Malumbres proyecta también un nuevo hospital materno-infantil que se ampliará posteriormente con el proyecto redactado por Jesús García del Cas-

1962. Proyecto de Zacarías Malumbres. ADPCR

tillo en 1972. En los planos elaborados por García del Castillo se especifica que se trata de un edificio para Sanatorio Psiquiátrico. Un edificio en el que los pasillos centrales de circulación van dejando dependencias a ambos lados con posibilidad de iluminación y ventilación. El conjunto cierra un gran patio interior que se sitúa en posición posterior respecto de la fachada del conjunto construido anteriormen-

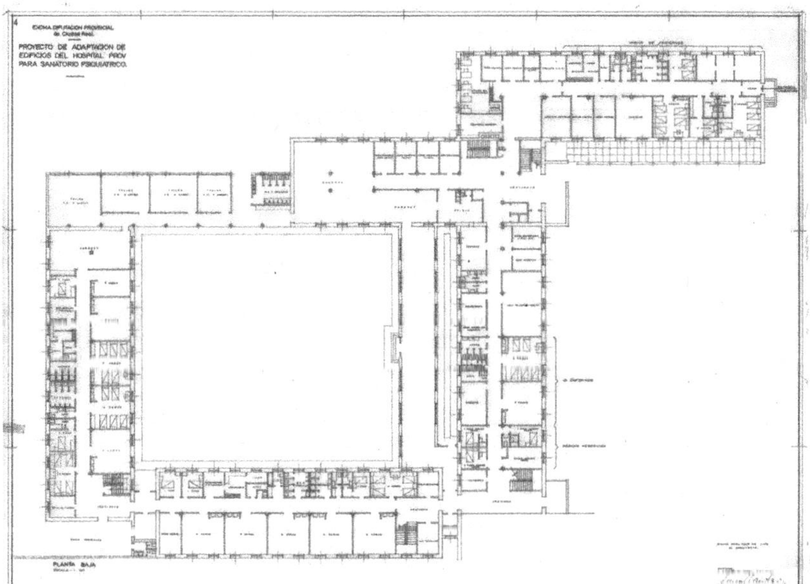

1972. Jesús García del Castillo. ADPCR

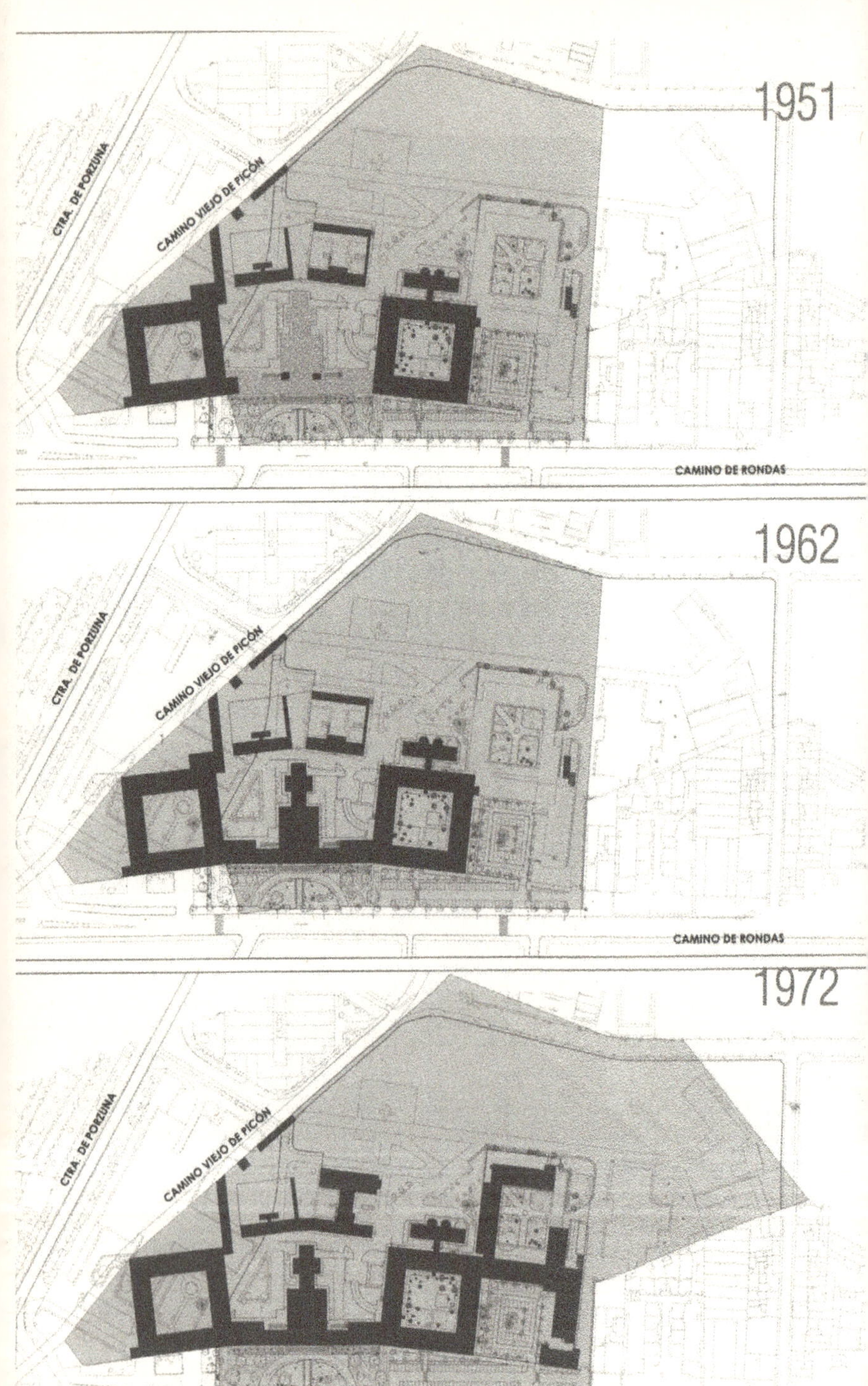

Esquema de la evolución, 1951-1962-1972. Alejandro Moyano

1951

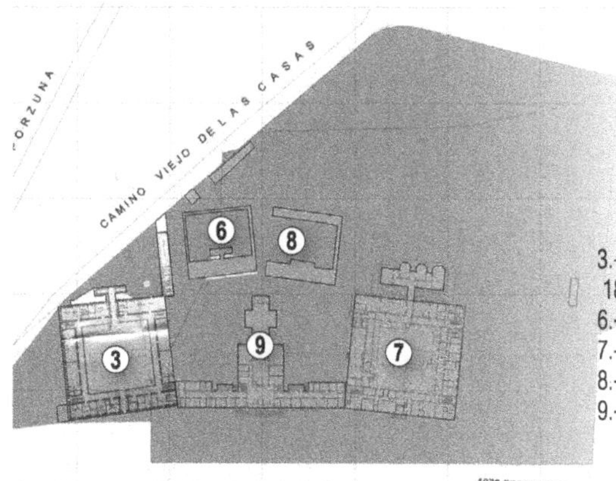

3.- Hospital nuevo. 1880. Vicente Hernández 1880-1887, reformas de Rebollar
6.- Observación de locos. 1930. Telmo Sánchez
7.- Hospital Quirúrgico. 1933. Telmo Sánchez
8.- Psiquiátrico de mujeres
9.- Arturo Roldán Palomo. 1951

1962

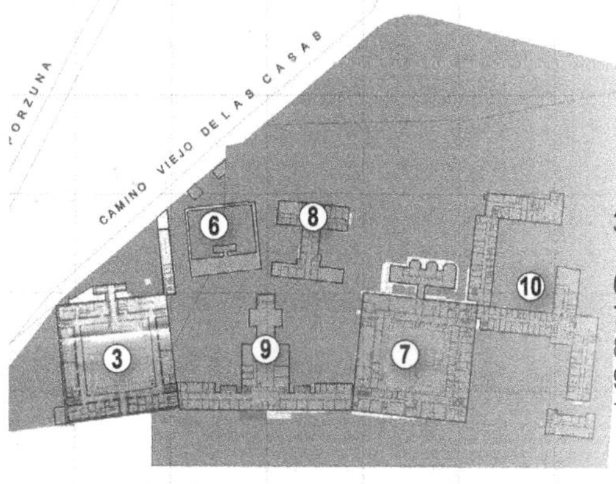

3.- Hospital nuevo. 1880. Vicente Hernández 1880-1887, reformas de Rebollar
6.- Observación de locos. 1930. Telmo Sánchez
7.- Hospital Quirúrgico. 1933. Telmo Sánchez
8.- Psiquiátrico de mujeres
9.- Arturo Roldán Palomo. 1951
10.- Zacarías Malumbres. 1962

1972

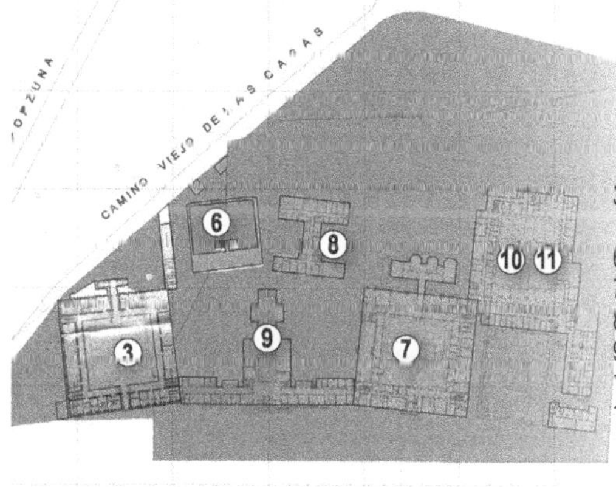

3.- Hospital nuevo. 1880. Vicente Hernández 1880-1887, reformas de Rebollar
6.- Observación de locos. 1930. Telmo Sánchez
7.- Hospital Quirúrgico. 1933. Telmo Sánchez
8.- Psiquiátrico de mujeres
9.- Arturo Roldán Palomo. 1951
10.- Zacarías Malumbres. 1962
11.- Zacarías Malumbres. 1972

Esquema de la evolución, 1951-1962-1972. Diego Peris

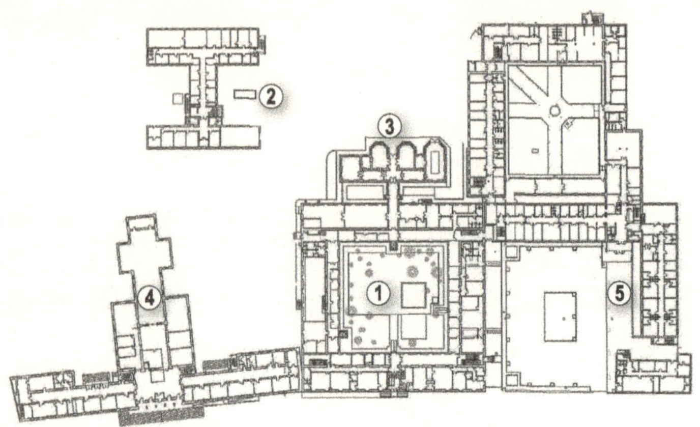

Conjunto hospitalario del Carmen.
1.- Pabellón, 1880; 2.- Psiquiátrico de mujeres; 3.- Quirófanos;
4.-Pabellón de Ingreso, 1946; 5.- Pabellones, 1962

te y que se prolonga en uno de sus lados dejando un espacio que se abre al límite del conjunto hospitalario.

La gran estructura hospitalaria surgida sobre la base del Hospital del Carmen se configura como un conjunto de adiciones parciales que, al quedar abandonado su uso sanitario, se han rehabilitado para nuevos usos. Pero en la planta general del conjunto es posible leer el paso del tiempo de esta importante instalación que durante siglos ha sido el centro de la atención sanitaria de la ciudad. Las antiguas instalaciones hospitalarias se situaban sobre una gran parcela que, en la actualidad, tiene 57 850 metros cuadrados y 20 849 metros construidos que, una vez desaparecido su uso hospitalario se han ido reconvirtiendo en diferentes usos vinculados a la institución provincial o cedidos por la misma a diferentes instituciones. Un conjunto que, de alguna manera, permanecía como espacio autónomo, separado de la ciudad con su estructura interior de viarios y recorridos que unían entre sí los diferentes pabellones.

Edificios separados de la ciudad en una zona en la que apenas existían otros servicios en su entorno. En este espacio aislado se construirá el Seminario provincial, en 1953, según proyecto de Carlos Sidro de la Puerta. Será en las últimas décadas del siglo XX cuando empiecen a construirse en la zona viviendas, unifamiliares la mayoría de ellas, una residencia de ancianos proyectada por los arquitectos Luis Franco y García Carrión en 1992, centros educativos, viviendas y centros comerciales. Pero ya en esos momentos el Hospital del Carmen ha perdido su actividad sanitaria y se ha convertido en edificio administrativo esencialmente.

La estructura construida desde 1951, 1962 y 1972 ha ampliado considerablemente su superficie y sus equipamientos.

Un nuevo Hospital Provincial

En 1975 la Diputación Provincial destinaba la cuarta parte de sus presupuestos al Hospital Provincial. Las necesidades continuas de los edificios construidos y la complejidad de un proyecto realizado en base a fragmentos llevaron a plantear la construcción de un hospital de nueva planta.

En 1968 se demolía el Hospital Nuevo y se adquirían terrenos a la izquierda del denominado camino de Picón llevando el solar propiedad de la Diputación Provincial hasta el borde de la carretera de Porzuna. Los presupuestos de la Diputación seguian destinando cantidades importantes a la atención sanitaria.

> ... el presupuesto ordinario de 600 millones de pesetas. Sus dos terceras partes se repartieron entre cuatro partidas: los Hospitales, a los que se destinaba casi una cuarta parte del presupuesto; la colaboración con los ayuntamientos que suponía una quinta parte; el capítulo de Vías y Obras, al que se destinaba la décima parte, y los Hogares Provinciales a los que se destinaba el 7,47 por ciento del total [106].

El proyecto de nuevo hospital realizado por el arquitecto provincial Jesús García del Castillo se inauguró el 10 de abril de 1979 [107]. Un edificio con una planta en T que va conformando espacios de diferente altura. Un cuerpo principal de once plantas y otros de diferentes alturas acompañados de una zona delantera de una sola planta. El edificio hospitalario tenía 22 322 metros cuadrados construidos sobre un terreno de 19 518 metros cuadrados. El proyecto responde a la tipología de hospitales verticales en los que las plantas superiores se destinaban básicamente a zona residencial y en las plantas bajas e intermedias se situaban los servicios de consultas y zonas de quirófanos. El nuevo edificio tenía una superficie mayor que toda la estructura consolidada a lo largo de los siglos XIX y XX.

El presupuesto de la construcción del hospital se aproxima a los mil millones de pesetas (inicialmente se habían presupuestado 420 millones de pesetas). Tenía 355 camas y constaba de seis cuerpos de diferentes alturas unidos entre sí. El primer cuerpo tenía once plantas y el segundo diez. El tercer cuerpo tiene seis plantas y el cuarto cuatro, el quinto dos y el sexto uno. En el sótano se situaban la cocina, instalaciones, anatomía patológica y mortuorio. La planta 0 se dedicaba a consultas externas, radiología, laboratorios, rehabilitación y zona de cafetería. La planta primera con 30 camas se divide en cuatro núcleos e incluía enfermería, quirófanos, dirección y administración. La planta segunda tenía 36 camas y 12 de cuidados intensivos y así continuaban las plantas hasta el nivel 7 con un número similar de camas. La planta 8 se reservaba para las religiosas como residencia y capilla.

El edificio se sitúa en una parcela colindante con la gran estructura antigua consolidada a lo largo de décadas. Una moderna instalación que funcionará en una breve etapa. Un momento en el que se van a replantear las competencias de las instituciones con la llegada de la democracia y la consolidación del estado autonómico. La Memoria de la Diputación de 1987 anunciaba la voluntad del Insalud de negociar un concierto de cesión de uso del Hospital médico-quirúrgico recientemente construido[108]. Los traslados de competencias, especialmente por lo que respecta a la integración del personal de la Diputación Provincial en la nueva estructura administrativa representaron un proceso complejo y difícil.

> Sin duda a impulsos de la nueva legislación de régimen para la Administración Local y coincidente con el traspaso de competencias a la comunidad autónoma, que había estrenado también Gobierno socialista, en los comicios de 1983, se buscaba un nuevo estilo para la política de la Corporación.
>
> Aunque los Hospitales ocupaban el número uno de la Memoria, el título del apartado ya no hablaba de Beneficencia y el texto ya anunciaba el próximo desmontaje del Hospital Provincial. "El Insalud ha solicitado de nuestra Diputación el inicio de conversaciones para negociar un Concierto de Cesión de Uso de nuestro Hospital Médico Quirúrgico[109].

El conjunto hospitalario de los años 1972-1979 ha duplicado y modernizado sus instalaciones.

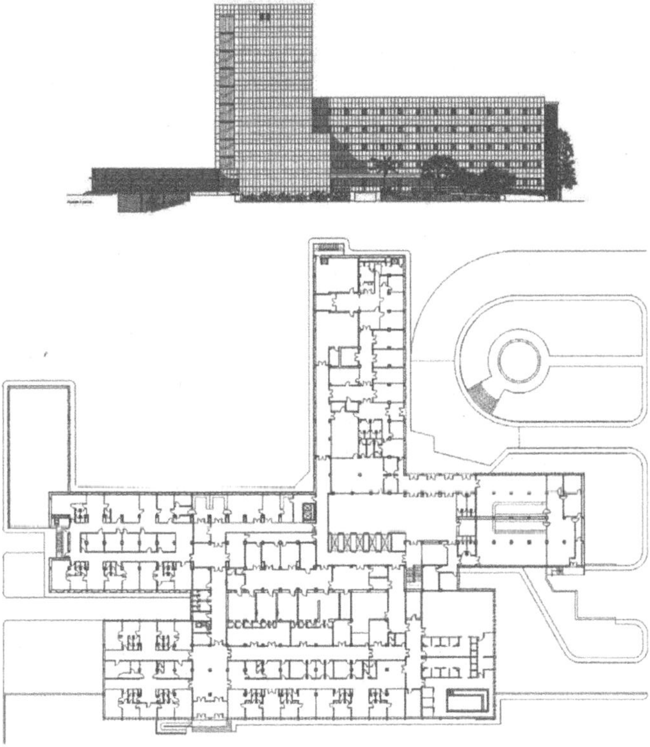

Hospital provincial 1979. Jesús García del Castillo. ADPCR

Vista general del complejo hospitalario de la Diputación Provincial, 2021

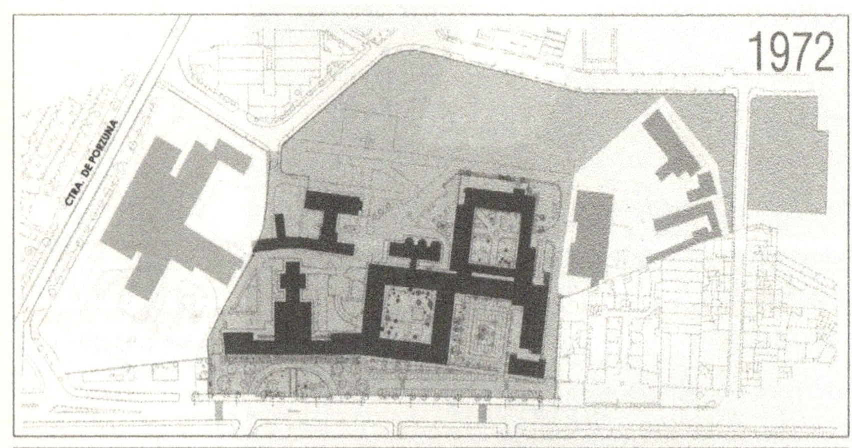

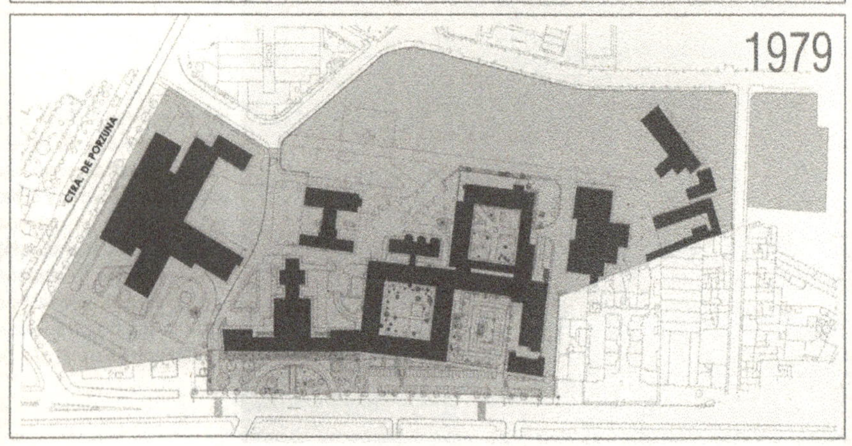

Esquema de la evolución, 1972-1979. Alejandro Moyano

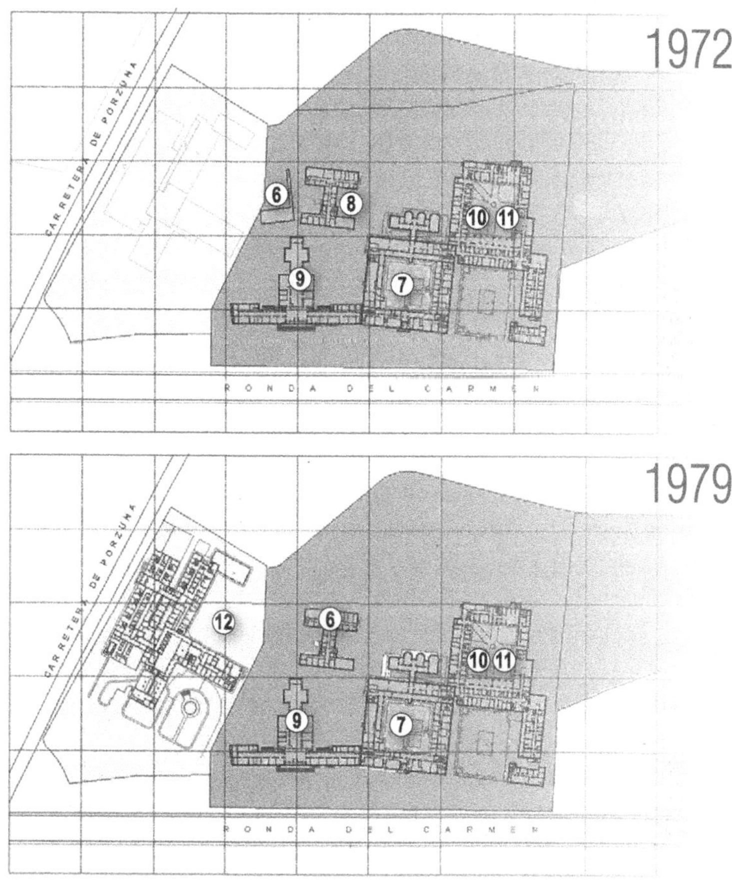

Esquema de la evolución, 1972-1979. Diego Peris

6.- Observación de locos. 1930. Telmo Sánchez; 7.- Hospital Quirúrgico. 1933. Telmo Sánchez; 8.- Psiquiátrico de mujeres; 9.- Arturo Roldán Palomo. 1951; 10.- Zacarías Malumbres. 1962; 11.- Zacarías Malumbres. 1972; 12.- Jesús García del Castillo. 1992

El cierre del Hospital Nuevo y los nuevos usos propuestos

El pleno de la Diputación de 25 de julio de 1987 adoptó el acuerdo de ceder el Hospital del Carmen para que formara parte de los regímenes estatutarios del entonces Instituto Nacional de la Salud (Insalud) ante la necesidad expresada por el Ministerio de Sanidad y Consumo (la comunidad autónoma aún no tenía competencias en la materia), de conformar un complejo hospitalario único en la capital de la provincia junto al Hospital Nuestra Señora de Alarcos. El 10 de abril de 1989 el Insalud comienza a gestionar el centro sanitario, que prestaba asistencia a los beneficiarios de la Seguridad Social desde 1972.

El 6 de mayo de 1993 Francisco Ureña Prieto, presidente de la Diputación, y el ministro de Sanidad, José Antonio Griñán, firmaron los acuerdos que regulaban la situación laboral de los trabajadores. En el capítulo segundo se decía que "la Diputación Provincial se reserva la titularidad de los terrenos y edificaciones del hospital, cediendo gratuitamente su uso al INSALUD mientras sea necesario para la prestación de la asistencia sanitaria".

Posteriormente será objeto de transferencia a la Junta de Comunidades de Castilla-La Mancha, mediante Real Decreto 1476 / 2001, de 27 de diciembre, sobre traspaso a la Comunidad Autónoma de CLM de las funciones y servicios del Instituto Nacional de la Salud.

Tras la inauguración del nuevo Hospital General Universitario de Ciudad Real, a finales de 2005, parte de las instalaciones del Hospital del Carmen dejaron de utilizarse, quedando el resto a disposición de la Gerencia de Coordinación e Inspección Médica y de la asociación de ludópatas Larcama. A partir de 2006 se va registrando un paulatino cese de la actividad sanitaria, pero se siguen utilizando las estancias donde trabajan funcionarios del Ministerio de Justicia, concretamente los médicos forenses y también otras como las de la cuarta planta, donde se instaló un nuevo centro de salud. El edificio era mantenido, cuidado y preservado por el Gobierno regional, hasta que a partir de 2011 se inició un proceso de abandono que en 2013 era ya crítico, con la consiguiente devaluación del entorno.

En enero de 2013, con el gobierno de Cospedal en la JCCM, se inició el traslado de la Gerencia de Coordinación e Inspección Médica a otras dependencias, situadas en la calle Alarcos, y la Asociación Larcama se trasladó también a las dependencias del antiguo Centro de Especialidades del antiguo Complejo Hospitalario de Ciudad Real en el mes de abril. A partir de este momento, el edificio del Hospital del Carmen se queda sin uso y completamente desprotegido sufriendo un importante deterioro por actos de vandalismo.

En noviembre de 2013 la Tesorería de la Seguridad Social, comunicó a la Diputación Provincial que la Secretaria General del SESCAM había informado favorablemente la reversión del uso del Hospital del Carmen, así como que la Consejería de Hacienda había declarado innecesario el uso de este poniéndolo a disposición de la Tesorería de la Seguridad Social para que procediera a su reversión a la Diputación Provincial, instando a esta a "manifestar las observaciones que considerara oportunas en cuanto a su estado y conservación...".

La propia Dirección General de la TGSS, al conocer las deficiencias que presentaba el edificio del Hospital del Carmen, tras una visita conjunta con los técnicos de la Diputación Provincial realizada en noviembre de 2013, rechazó la retrocesión solicitada por el Gobierno de Cospedal, "en tanto que el mismo no esté en condiciones de ser aceptado también por la Diputación Provincial". La Diputación Provincial no podía aceptar recuperar un edificio con ese nivel de deterioro si previamente el Gobierno regional no transfería los recursos necesarios para devolverlo a su estado original, asumiendo el desgaste propio del uso y de los años.

Es a partir del inicio del nuevo mandato, con el cambio de Gobierno regional y con José Manuel Caballero al frente de la Diputación, cuando se recupera el objetivo de dar una solución al Hospital del Carmen en beneficio de Ciudad Real y de la provincia. Finalmente, la Diputación Provincial negociará con la Junta de Comunidades la cesión a la administración regional para convertir el edificio en sede de servicios administrativos regionales en Ciudad Real.

Con esta actuación, contenida en el Plan Ciudad Real 2015 se inicia un proceso de rehabilitación del edificio con una importante inversión recuperando la construcción para albergar el conjunto de servicios administrativos de la JCCM en la ciudad. El edificio rehabilitado albergará los más de mil trabajadores que la Junta de Comunidades tiene en Ciudad Real.

Nuevos usos para los edificios del antiguo Hospital del Carmen

El abandono de los usos sanitarios del conjunto el antiguo Hospital del Carmen ha propiciado su reutilización para diferentes actividades dependientes de la propia Diputación o a otras administraciones.

La zona este del conjunto construida en los últimos años de actividad sigue manteniendo en gran medida la actividad sanitaria con servicios sociosanitarios reubicados en la zona rehabilitada.

Esta zona permaneció como competencia de la Diputación Provincial hasta enero de 2021. El Hospital Psiquiátrico presta servicios de atención a la salud mental en los niveles rehabilitador y residencial, conformado por una Unidad de Media Estancia (UME), la Unidad de Larga Estancia (ULE), un programa de Centro de Día (CD) y un programa de Consultas Externas (CE).

En el Pabellón Central diseñado por Roldán Palomo se reubican un conjunto de dependencias administrativas de servicios técnicos. Durante años albergó la Escuela de Enfermería que se trasladó a un nuevo edificio en el campus universitario. La zona de la iglesia se ha acondicionado en su estructura y mobiliario adecuado para situar allí el Archivo de la Diputación Provincial que ha modernizado sus instalaciones ordenando y digitalizando gran parte de la documentación.

En el edificio Quirúrgico se ubican ahora las instalaciones del Diario Lanza, la imprenta provincial y una guardería. Se mantienen así en pie el conjunto de construcciones realizadas a lo largo del siglo XX y principios del XXI para usos hospitalarios, ahora rehabilitados para usos administrativos y sociales después de las necesarias rehabilitaciones de los edificios.

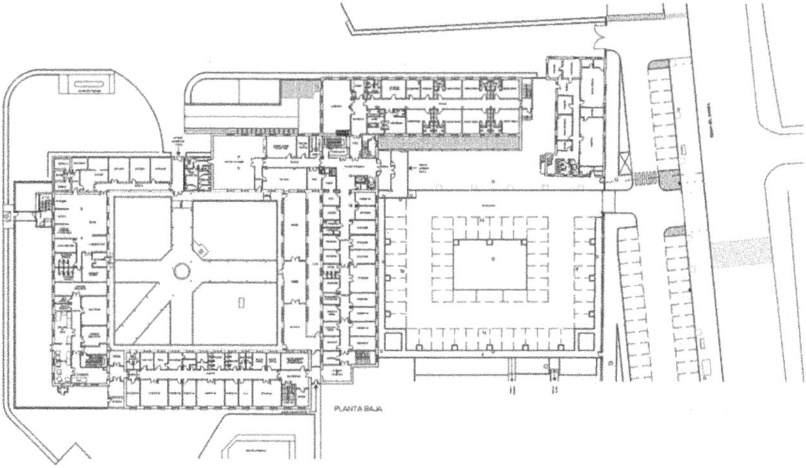

PLANTA BAJA

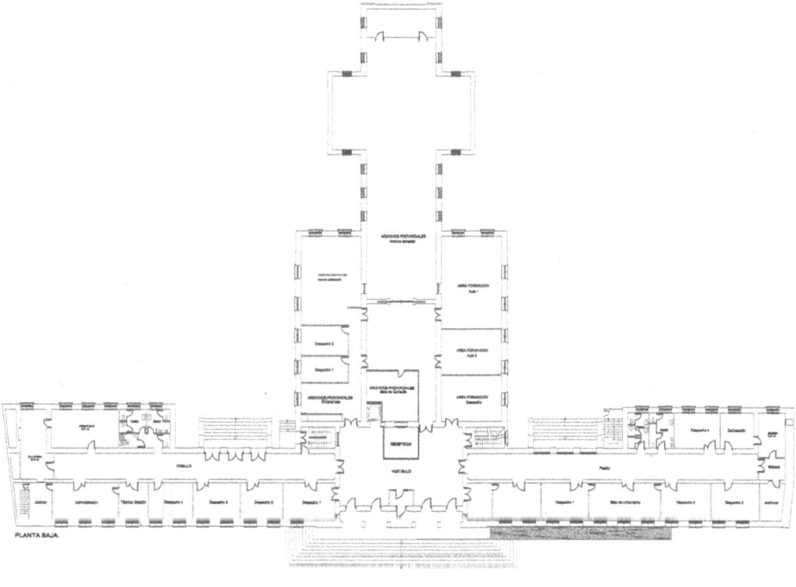

PLANTA BAJA

HOSPITAL PROVINCIAL

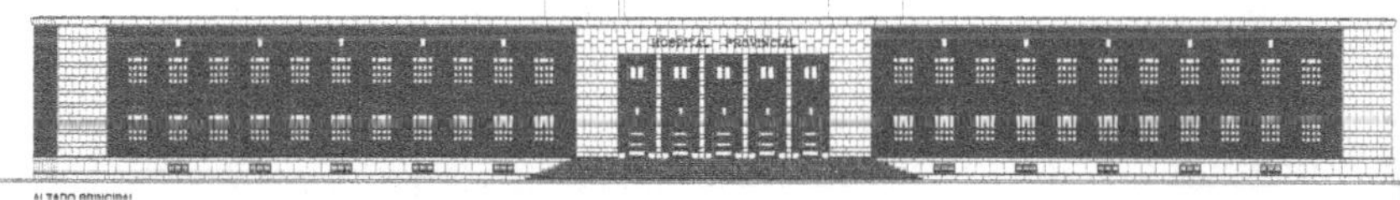

Servicios técnicos y Archivo de la Diputación Provincial

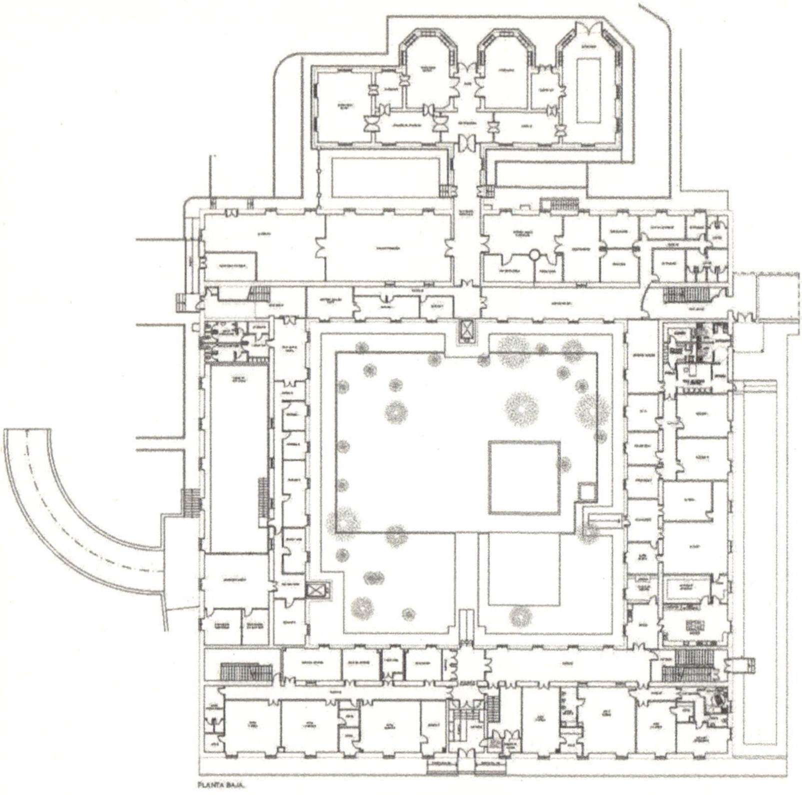

PLANTA BAJA.

Guardería, *RNE* y *Lanza*

103 Ortiz Heras, Manuel, 1999. "Dictadura franquista y Diputación (1939-1975) en VV. AA., *Historia de la Diputación Provincial de Ciudad Real (1835-1999).* Ciudad Real, 1999, Diputación Provincial, pp. 247-295, p. 284.

104 ADPCR. Memoria 1961, p. 37, Caja 3387.

105 ADPCR 1961. Memoria, p. 71 Caja 3387.

106 La última Corporación franquista que se prolongó hasta la primavera de 1979 será sustituida por la primera corporación democrática. A lo largo de ese período estuvo presidida por Fernando de Juan y después por Miguel Sánchez Maroto.
Richard Rodríguez, Manuel, 1999. "Transición y democracia (1975-1995)" en VV. AA., *Historia de la Diputación Provincial de Ciudad Real (1835-1999).* Ciudad Real, 1999, Diputación Provincial, pp. 297-328, p. 299.

107 *Lanza*, 12 de abril de 1979. En la inauguración se hablaba de convertir el antiguo Hospital del Carmen en Facultad de Medicina.

108 ADPCR. Memoria de la Presidencia 1987, p. 18.

109 Richard Rodríguez, Manuel, 1999, p. 214.

5 EL SANATORIO ANTITUBERCULOSO DE LA ATALAYA

Cuando Robert Koch descubrió el bacilo causante de la tuberculosis, en 1882, esta era la enfermedad de mayor letalidad, por delante de la sífilis y el cáncer, de todo el mundo occidental.

> En 1903 se fundó la Asociación Antituberculosa Española y los gobernadores civiles recibieron instrucciones para apoyar o excitar la formación de comités contra la tuberculosis. En 1906 se ordenó la creación de una comisión permanente contra la tuberculosis, dependiente del Ministerio de la Gobernación, cuyo fin era "estudiar las medidas propuestas por la Asociación Antituberculosa Española, e informar a los Poderes públicos respecto a los medios o recursos de eficacia reconocida para disminuir los estragos de la tuberculosis"[110].

En España, la tasa de mortalidad no se situó por debajo de 100 muertes por 100 000 habitantes hasta 1953, y el número de enfermos se estima que ascendía a medio millón de personas. La incidencia de tuberculosis en la mortalidad descendió en los años cuarenta, pero su índice seguía siendo alto en comparación con otras enfermedades. Seguía siendo un problema para la economía del Estado y para la estabilidad social. Durante la Guerra Civil la situación sanitaria y los problemas de abastecimiento alimentario agravaron las condiciones de propagación de esa endemia que causaba 33 000 muertes anuales. Por ello la construcción de sanatorios para curar a los recuperables y aislar a los incurables era una actuación necesaria y con este objetivo

En la página anterior. "PARÍS. Ensayo de curación de tuberculosis por medio de la transfusión de sangre de cabra...". *La ilustración Española y Americana*, 15.03.1891

se puso en marcha el Plan de Construcciones del Patronato Nacional de lucha contra la Tuberculosis. En las primeras décadas del siglo XX, pequeñas actuaciones en manos privadas y durante la Segunda República se inició un cambio que no llegó a modificar el incremento de las listas de espera.

Antes de terminar la Guerra Civil, el gobierno de Franco comenzó su actividad contra la tuberculosis y transformó el Real Patronato Antituberculoso, autofinanciado hasta entonces como fundación privada, en un organismo con cargo a los fondos del Estado. El nuevo Patronato Nacional de lucha contra la tuberculosis comenzó, en plena guerra, la construcción de treinta y cinco sanatorios antituberculosos que no se terminarían hasta mediados de los años cuarenta. Al frente de la Dirección General de Sanidad estaba José Alberto Palanca, que había ocupado ese mismo cargo en el Gobierno de Primo de Rivera y que desde 1936 era jefe del Servicio de Sanidad Nacional. En noviembre de 1940 se aprobó la construcción urgente de sanatorios antituberculosos con capacidad para 20 000 camas. Para ello se hizo una previsión de 45 millones para funcionamiento del Patronato y 178 millones para la construcción de sanatorios.

A comienzos de 1941 Palanca, en el segundo número de la *Revista Nacional de Arquitectura*, solicitó la colaboración de los arquitectos. Dos años después, en marzo de 1943, la misma *Revista Nacional de Arquitectura* dio cuenta de la marcha del Plan de Construcciones Sanitarias del Patronato Nacional Antituberculoso y planteó un concurso de anteproyectos de sanatorios antituberculosos de ámbito nacional. Para ello se había dividido el territorio en diez regiones peninsulares, tres insulares y el Protectorado de Marruecos y demás posesiones africanas. Se quería construir sanatorios con una capacidad de 16 000 camas nuevas que se sumarían a las 5755 existentes y a las 10 245 que estaban en fase de construcción. El concurso quería definir unos tipos de sanatorios que luego se desarrollarían con sus peculiaridades en cada lugar. Como condición general, se pedía una mínima distancia de las poblaciones, para evitar polémicas sobre contagio y a la vez facilitar la visita de familiares, reducir gastos de mantenimiento y prescindir de viviendas para el personal. También se tendrían en cuenta condiciones de altitud, orientación, vistas y tranquilidad del lugar.

El primer premio de los tres tipos y zonas fue para el equipo formado por Ernesto Ripollés, Aurelio Botella, Sebastián Vilata y Ambrosio

Tipo Meseta Castellana. Alzado Norte (400 camas).

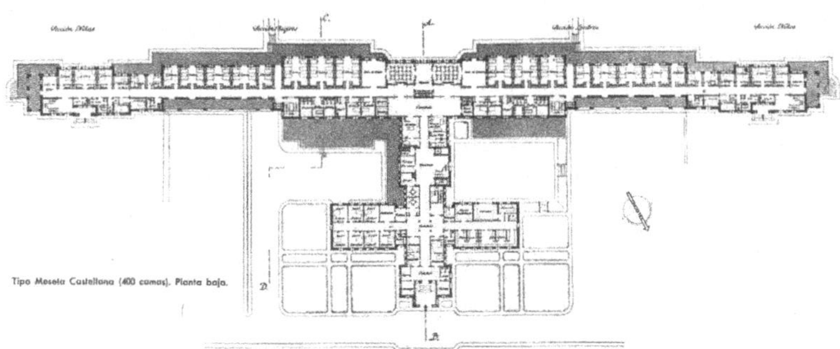

Tipo Meseta Castellana. Alzado Norte y planta baja. RNA

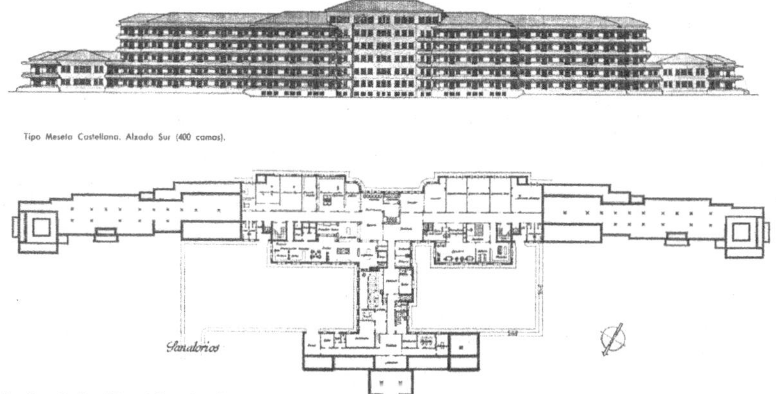

Tipo Meseta Castellana. Alzado sur y planta semisótano. RNA

Arroyo. El proyecto presentaba una gran cantidad de datos referentes a programas y protocolos funcionales, esquemas de organización, superficies y volúmenes de aire de las diversas piezas. Se presentaban plantas, alzados y secciones de los tipos propuestos para doscientas, trescientas y cuatrocientas camas, concretados respectivamente para el caso norteño, mediterráneo y castellano[111].

Este será el modelo de sanatorio institucionalizado en el Plan de Construcciones de Lucha contra la Tuberculosis, como muestran los numerosos sanatorios de entre 200 y 250 camas construidos por el Patronato Nacional Antituberculoso, tales como el Sanatorio El Caubet en Palma de Mallorca, el del Doctor Novoa Santos de El Ferrol en La Coruña, el Sanatorio de Ciudad Real, el de Fuentes Bermejas de Burgos, el Sanatorio Virgen del Valle en Toledo, el Sanatorio de Linares en Jaén o el de Almería [112].

En 1943, el ayuntamiento de Ciudad Real compró los terrenos de La Atalaya a un particular tras la petición hecha al Consistorio dos años antes por la Delegación Provincial del Patronato de Tuberculosos de que adquiriera terrenos para la construcción de un sanatorio para los enfermos. El lugar elegido, la Atalaya, es una pequeña elevación situada a pocos kilómetros de la ciudad que reunía las condiciones de aislamiento necesarias, una buena situación para las condiciones de soleamiento y ventilación necesarias.

Las obras del sanatorio antituberculoso comenzaban en 1954 y en febrero de 1955 tenían terminada la primera planta del edificio previsto para 300 camas. Las obras avanzan muy lentamente y en noviembre de 1960 el gobernador de la provincia, Utrera Molina, solicitaba se terminase de construir el edificio y que el Patronato Nacional Antituberculoso cediese el edificio al Patronato de Atención Psiquiátrica. En febrero de 1961 se firma el traslado del edificio de manos del Patronato Nacional Antituberculoso al Patronato Nacional para que este lo cediera al Patronato Nacional Psiquiátrico. En ese momento se hablaba de la necesidad de un proyecto de adaptación valorado en veinte millones de pesetas y el equipamiento que permitiría disponer de espacio para 400 camas. A lo largo de los años de esta década se reiteran las peticiones para que el edificio se ponga en funcionamiento [113]. En mayo de 1967 un artículo del diario *Lanza* titulado "Buenos días, El sanatorio de la Atalaya" recordaba cómo los avances médicos habían dejado, afortunadamente, inútil la construcción prevista para sanatorio antituberculoso. Y en ese momento se pedía se pensase en un nuevo uso y en la terminación de las obras [114].

El sanatorio no llegó a funcionar como sanatorio antituberculoso dados los avances que se producen en la medicina de los antibióticos. En 1944 se había descubierto la estreptomicina y en 1952 se descubrió la isoniacida (hidracina del ácido iso-nicotínico) primer an-

Vistas generales del edificio

tibiótico específico que permitía curar la tuberculosis. La aparición de la rifampicina en la década de los sesenta acortó notablemente los tiempos de curación, lo que hizo disminuir el número de casos nuevos de manera importante hasta la década de los ochenta [115].

La penicilina descubierta por Fleming en 1928 llegaba en 1944 a nuestro país. En 1945 se crearía una comisión encargada de distribuir la penicilina, garantizar un reparto justo y equitativo, y evitar el tráfico ilegal. Fleming visitó España en 1948 con una gran expectación en el mundo científico. En septiembre de 1948 se convocó un concurso entre las empresas farmacéuticas españolas para conceder patentes de fabricación, utilizando licencias y patentes de empresas extranjeras. El concurso lo gana la empresa CEPA, vinculada al Banco Urquijo. En 1949 inició su actividad la Compañía Española de Penicilina y Antibióticos (CEPA), antecedente de la fábrica de Aranjuez. A principios de la década de 1950 la industria española estaba en condiciones de garantizar un suministro de más de seis toneladas de antibióticos al año, lo que tuvo una fuerte repercusión en el mercado e influyó decisivamente en la mejor atención terapéutica a los pacientes con enfermedades infecciosas. En 1951 Domínguez y Salazar proyectaban el edificio para la Compañía de Penicilina y Antibióticos en Aranjuez, con los más modernos equipos y procesos del momento. En 1968 CEPA, juntamente con Merck, desarrolla un nuevo antibiótico, la fosfomicina, mercado en el que la fábrica de Aranjuez es líder mundial [116].

El edificio de la Atalaya había quedado sin uso como sanatorio antituberculoso, pero sus nuevos usos requerían una importante inversión. Finalmente será necesaria una cantidad de más de 35 millones de pesetas que llegarán a principios de los años setenta junto a otros nueve millones necesarios para su equipamiento. El proyecto de la Atalaya se terminó a principios de 1970 y comenzó su actividad en 1971, como Centro regional para minusválidos psíquicos, dejando de funcionar en 1996 y manteniendo, por tanto, 25 años de funcionamiento [117]. En su primera etapa llegó a contar con 266 internos 33 mediopensionistas, menores de 21 años que, al ser un centro de carácter nacional, provenían de varios puntos de la geografía española. Su primer director fue Manuel Díaz-Mor García, que había sido el jefe del Servicio de Psiquiatría Infantil del Instituto de Ciencias Neurológicas Francisco Torres [118]. El edificio funcionó como Centro Regional de Minusválidos Psíquicos hasta que se trasladó a la ciudad quedando abandonado y finalmente demolido en mayo de 2007, diez años después de su cierre definitivo.

110 Palao Ibáñez, María del Carmen, *La revista española de tuberculosis como fuente de estudio de la lucha antituberculosa durante la segunda República*, p. 168. Revista_Espanola_de_Tuberculosis_as_a_so.pdf

111 "Concurso de anteproyectos de sanatorios antituberculosos. Primer premio", en *Revista Nacional de Arquitectura*, año II, núm.15, 1943, pp. 121-155.

112 Ruiloba Quecedo, Celia, 2014. *Arquitectura sanitaria: sanatorios antituberculosos.* Madrid, Escuela Nacional de Sanidad, Instituto de Salud Carlos III, Ministerio de Economía y competitividad, p. 69

113 Julio de 1967. Pleno de la Diputación

114 *Lanza*, 17 de mayo de 1957 de 1967. "Buenos Días. El Sanatorio de la Atalaya".

115 Báguena Cervellera, María José, 2011. "La tuberculosis en la historia" en *Anales* (Reial Acadèmia de Medicina de la Comunitat Valenciana), n.º 12.

116 Peris Sánchez, Diego, 2015. *Miguel Fisac: arquitecturas para la investigación y la industria*, p. 84.

117 El gobernador civil daba cuenta de su gestión en noviembre de 1971 y hablaba de una inversión de 35 685 000 pesetas para la construcción del sanatorio de La Atalaya. En noviembre de 1970 se había aprobado una dotación de equipamiento de nueve millones de pesetas. El gobernador civil don José María Roger Amat informaba de la inversión en equipamiento en noviembre de 1970. En ese momento se solicitaba la construcción de un nuevo sanatorio del 18 de julio en Ciudad Real.
En la visita del gobernador a La Atalaya en mayo de 1969 se hablaba de su finalización para agosto de ese año.

118 Ya en marzo de 1970 figuraba como director del centro.

6 EL PROYECTO INSALUD

El Ministerio de Trabajo aprobó el 19 de enero de 1945 su Plan de Instalaciones Sanitarias del Seguro Obrero de Enfermedad y en el mes de julio el Instituto Nacional de Previsión nombró un comité con objeto de desarrollar y poner en marcha el Plan. Su ejecución, consistente en construir 86 Residencias de 500 a 100 camas cada una, 149 ambulatorios completos y 110 ambulatorios reducidos, debería llevarse a cabo en dos etapas. En total se dotaría al servicio con 16.000 nuevas camas, poco menos de la mitad de las previstas en el informe de Primitivo de la Quintana, y en cada etapa se construirían alrededor de 8.000 camas. Se proyectaba levantar Residencias en las capitales de provincia y Ambulatorios en los centros rurales. Para denominar a sus instalaciones sanitarias los próceres del Plan descartaron los términos "hospital" y "dispensario" utilizados por Quintana en su informe, pues tanto uno como el otro se habían asociado siempre a estructuras de la Beneficencia poco eficaces en curaciones. En vez de utilizar esos términos comunes eligieron otros que aludían al régimen ambulatorio o al de ingreso de beneficiarios en las instituciones, según fueran éstas abiertas o cerradas. Así nacieron los "ambulatorios" y "residencias" del Seguro Obrero de Enfermedad [119].

El Plan de Instalaciones Sanitarias tuvo un impulso especial desde 1945 hasta mediados de la década de los sesenta. Un plan que tenía una concepción nueva del hospital como espacio de recuperación de los enfermos que permanecían en el mismo después de las diferentes operaciones o por las necesidades de largos tratamientos.

En la página anterior. Visita a la Residencia Sanitaria del S.O.E., próxima a inaugurarse, de varios directivos del Instituto Nacional de Previsión. Boletín Informativo Municipal n.º 19, 12.1965

> Entre 1945 y 1965, el INS consiguió dotar a las ciudades españolas de su propio hospital. Este no era un hospital en el sentido actual sino el hospital de los cincuenta, acertadamente llamado "residencia" por el público. La medicina seguía ejerciéndose de forma particular y en la red de ambulatorios, de forma que los médicos no eran sino minoritariamente médicos de hospital: sólo acudían allí para operar utilizando entonces los quirófanos y los laboratorios. El hospital era un edificio proyectado en su mayor parte para residencia de enfermos, dotado de unos servicios de cirugía dedicados sobre todo a la traumatología y en menor grado a otras especialidades quirúrgicas; un edificio para una medicina científica: laboratorios, quirófanos y radiología: un hospital regido por un pequeño grupo de dirección y dominado por los jefes de los distintos servicios[120].

La arquitectura española de hospitales presenta entonces una especie de acto fundacional, a mitad de los años cuarenta. Tuvo lugar con la convocatoria de un concurso nacional entre arquitectos para seleccionar aquéllos que habrían de desarrollar el Plan de Instalaciones Sanitarias del Seguro Obligatorio de Enfermedad, un ambicioso plan de cobertura nacional que sería la base de la actual red de hospitales públicos. Los arquitectos participantes se guiaron por la recomendación de proyectar hospitales verticales, de acuerdo con la propuesta que había hecho el Dr. Primitivo de la Quintana (como los norteamericanos modelo Monoblock, o como el Hospital Beaujon, de París) en su Estudio del Plan General de asistencia médica para el Instituto Nacional de Previsión. Siempre ligado a la precaria reglamentación institucional de la sanidad y asumiendo tal recomendación, el grupo de arquitectos seleccionado consiguió crear un tipo de hospital que respondía a las necesidades de la medicina de los cuarenta y, hasta cierto punto, a la moderna medicina científica.

Las residencias y los ambulatorios del Plan de Instalaciones eran eslabones consecutivos del programa de prestaciones del Seguro de Enfermedad. Casi sin excepción, todo beneficiario del Seguro debía acudir primeramente al ambulatorio y desde allí, en su caso, se ordenaría el ingreso en la residencia, previo paso por la inevitable lista de espera. Para la organización del Seguro, las residencias eran instalaciones cerradas y los ambulatorios instalaciones abiertas. Se había organizado así, y el correspondiente plan de instalaciones no hizo sino asumirlo diseñando las respectivas redes de ambulatorios y residencias sanitarias. La red de aquéllos debía ser muy densa a fin de aproximarse a los beneficiarios, mientras que la de residencias podría estar más espaciada, porque su proximidad no se juzgaba como una condición básica para el buen funcionamiento del Seguro.

La puesta en marcha del Seguro permitió que un número importante de trabajadores fuese atendido en el país en igualdad de condiciones con la población de mayores posibilidades económicas, pero todavía fue mayor la repercusión de la puesta en marcha del Plan Nacional de Instalaciones. La nueva red de hospitales, repartida de forma homogénea sobre el territorio, mejoró de un modo sustancial las condiciones de trabajo de los médicos, que encontraron en los nuevos establecimientos del Seguro unos medios de exploración, diagnóstico y tratamiento muy superiores a los que podían encontrar en el término medio de los hospitales privados. La red de hospitales del Seguro se convirtió en poco tiempo en la mayor y mejor equipada estructura sanitaria del país, y permitió homogeneizar conocimientos y preparación de los médicos y demás profesiones sanitarias[121].

Proyecto de edificio para Residencia del Seguro Obligatorio de Enfermedad con ambulatorio completo en Ciudad Real[122]

La Memoria del proyecto de Ciudad Real redactado por Eduardo de Garay y Garay decía: "Se proyecta la construcción se este edificio sobre un solar sito en la Barriada de Alarcos- Ciudad Real- propiedad del Instituto Nacional de Previsión, con fachadas a las calles de Záncara, Camino del Campillo y calle sin nombre, correspondiente a proyecto urbanístico aprobado". Se ha dispuesto la orientación del edificio, atendiendo a las condiciones climatológicas de Ciudad Real y a los accesos, con fachada principal a saliente y el cuerpo de enfermería en una de sus fachadas a saliente y la posterior a mediodía poniente.

> El edificio se desarrolla en planta de sótano, semisótano, baja y 8 plantas más, quedando muy disminuido la superficie edificada en las plantas superiores, especialmente en la 8.ª, en que solamente se construye una pequeña zona destinada a laboratorio de análisis clínicos. El conjunto del edificio se integra a base de tres cuerpos principales, un cuerpo de edificación posterior y un núcleo central de comunicación entre ambos.
>
> En el edificio principal se sitúan, en las respectivas plantas las dos entradas independientes con sus amplios vestíbulos, de

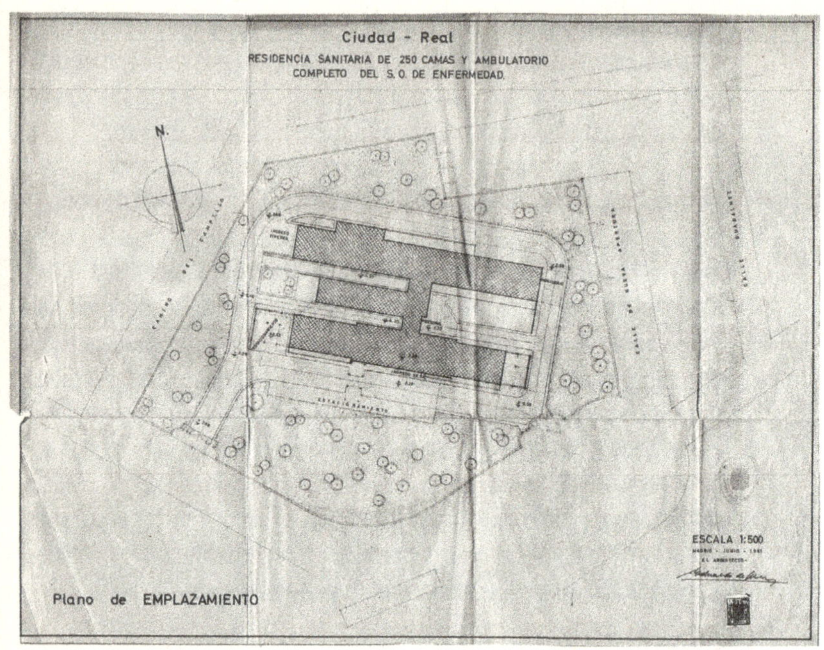

Residencia Sanitaria y Ambulatorio de Ciudad Real. Plano de emplazamiento. 1961. AMCR

la Residencia y Ambulatorio, los Servicios de Administración, y el Ambulatorio completo, que se desarrolla en planta de semisótanos, baja, primera y segunda.

La planta 4.ª se distribuye a base del quirófano de Obstetricia con dos salas de labor, la estancia del Doctor y el Servicio de Reanimación.

En la planta 5.ª se proyecta la Central de Esterilización y Dormitorio de Médico de Guardia.

En toda esta distribución por plantas se ha tenido en cuenta la conveniencia de que los quirófanos se encuentren situados en la misma planta que las enfermerías que corresponden a servicios quirúrgicos o de obstetricia.

En el núcleo de edificación central se localizan las comunicaciones verticales de la Residencia Sanitaria con una amplia escalera, dos ascensores para público y dos montacamillas. En la planta baja de este núcleo está la Capilla y en la planta semisótano el conjunto de instalaciones del edificio.

Organización por plantas

La organización por plantas era la siguiente:

Planta semisótano: en ella estaban los servicios de mecanoterapia e hidroterapia comunicados con el Ambulatorio. En la edificación posterior están las enfermerías, lavaderos, almacenes, cafetería, mortuorio, Residencia de enfermeras y Comunidad, Escuela de enfermeras y residencia del sacerdote. Se preveía un aljibe de 250 m^3 teniendo en cuenta los cortes de agua que se producían en la ciudad.

Planta baja. Zona de recepción con un gran vestíbulo de 15x15 metros. De manera independiente también se accede al Ambulatorio con un vestíbulo de 10x11 metros. Con accesos independientes estaban las zonas de cocina y servicio de lavadero.

Planta primera. En el cuerpo principal estaban Medicina General, Radiología, Electroterapia, Digestivo y Laboratorio, Servicios de Pulmón y Corazón. Esta zona quedaba destinada a Ambulatorio.

En el cuerpo posterior se situaba la zona de enfermerías de Medicina General con 54 camas. Son habitaciones de 2 camas y 1 cama, con cuarto de aseo y lavabo para cada cuatro camas con tres habitaciones con baño independiente por planta. Un volumen independiente levantado sobre pilares en la zona delantera del edificio acogía toda la zona de rayos X.

Planta segunda. El cuerpo principal está destinado a Ambulatorio con especialidades de cabeza, banco de sangre, farmacia y Neuropsiquiatría. En el cuerpo posterior enfermería con 24 camas para pediatría y 28 de medicina general.

Planta tercera. En el cuerpo principal están los cuatro quirófanos. El resto de la planta se destina a yesos y Cistoscopias. La distribución de quirófanos tiene una sala de esterilización para cada dos quirófanos, circulaciones independientes para médicos y pacientes. El cuerpo posterior se destinaba a Cirugía General con 53 camas.

Planta cuarta. El cuerpo principal se destinaba a Obstetricia con dos salas de labor, rayos X portátil y el servicio de reanimación. En la enfermería 42 camas del servicio de Obstetricia y un nido completo

Planta quinta. El núcleo principal alberga el servicio de esterilización y estancia del médico de guardia. En el edificio posterior 28 camas de cirugía general y 24 de cirugía especial.

Planta sexta. En el cuerpo de edificación posterior una zona de aislamiento para 17 enfermos en habitaciones de 1 cama. En el ala

MINISTERIO DE TRA
INSTITUTO NACIONAL DE
Ciudad-Re
RESIDENCIA SANITARIA DE 250 CAM
PARA EL S.O. DE E

MEDICINA GENERAL 24 CAMAS

MEDICINA GENERAL

RADIOLOGIA

PLA

Residencia Sanitaria y Ambulatorio de Ciudad Real. Primera planta. 1961. AMCR

ON

BULATORIO COMPLETO
DAD.

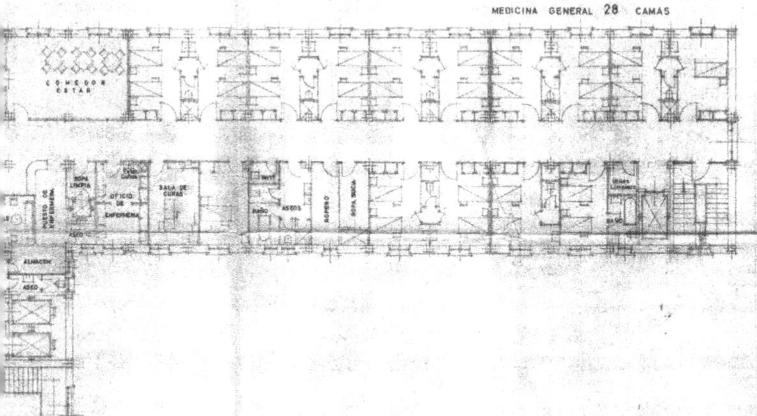

MEDICINA GENERAL 28 CAMAS

LABORATORIO

PATOLOGIA

HEMATOLOGIA

QUIMICA

BACTERIOLOGIA

ESPERA

DESPACHO JEFE LABORAT.º

ESPERA

ESPERA

ESPERA

CONSULTA DIGESTIVO

RAYOS INFRARROJOS

LAMPARA DE CUARZO

CIRUGIA

ESPERA CIRUGIA Y TRAUMA

CONSULTA TRAUMAT.

ESPERA

CONSULTA GINECOLOGIA Y UROLOGIA

CONSULTA ELECTROCARDIO Y METABOLISMO

CONSULTA PULMON Y CORAZON

RAYOS X

RAPIA

DIGESTIVO

PULMON Y CORAZON

IMERA.

ESCALA 1:100

Madrid-Junio-1.961

El Arquitecto.

derecha una residencia para 15 enfermeras y una vivienda para dos médicos.

Planta séptima. En el núcleo posterior una residencia de 15 religiosas con celdas aisladas.

Planta octava. El cuerpo central se destina a animales de laboratorio y encima de este cuerpo se sitúa el depósito de agua.

La construcción

La construcción se realizaba con cimentación de hormigón con zanja corrida con una estructura superior de hormigón vibrado y la estructura horizontal con nervios de hormigón armado y piezas de hormigón vibrado aligerado para el relleno entre nervios y capa de compresión de 4 cms.

Los muros de fachada son de ladrillo hueco de 1 pie de espesor con tabicón interior con cámara de aire.

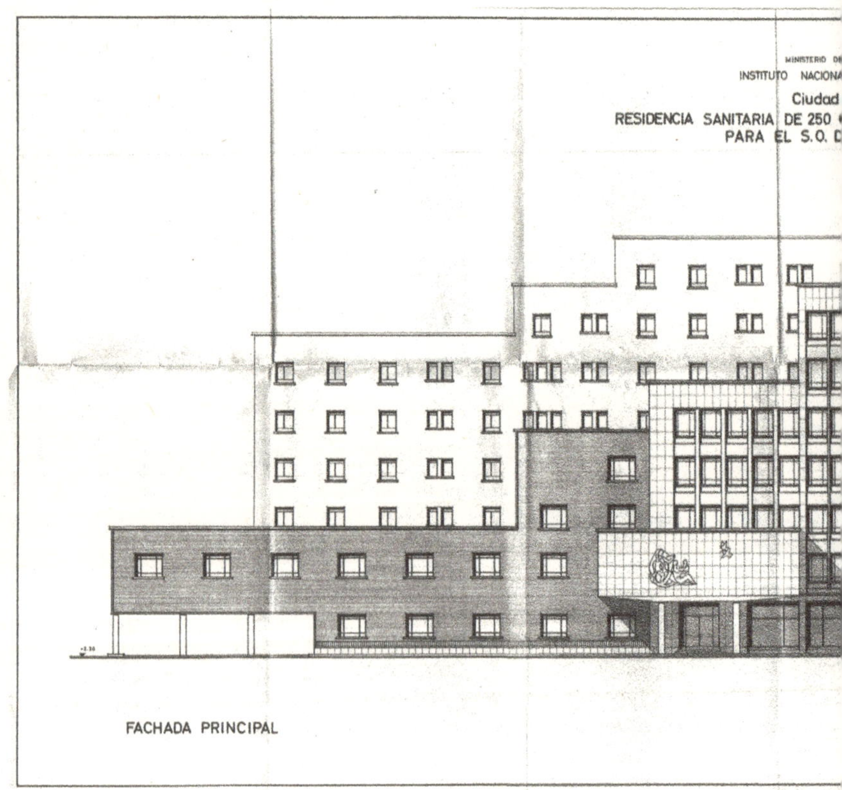

La fachada principal se ha proyectado a base de un revestimiento de piedra de Colmenar en todos los paramentos. Las zonas de ventanales que se establecen en los planos se han proyectado de carpintería de aluminio anodizada, y de este mismo material los maineles verticales, según se establece en los planos el proyecto. Esta misma solución se proyecta para los dos laterales del cuerpo posterior, cuerpo central en fachada pósterior, destinado a estar en todas las plantas de enfermería, y ventanales en escalera general del edificio... Todas las fachadas del edificio se terminarán, de conformidad con lo establecido en los planos, a base de un revestimiento general de plaqueta de ladrillo de Alcalá o revoco a la catalana, a base de cemento blanco, arena de mármol sobre enfoscado general de cemento de los referidos muros de fachada.

Residencia Sanitaria y Ambulatorio de Ciudad Real. Fachada principal, 1961.
Archivo Municipal de Ciudad Real (AMCR)

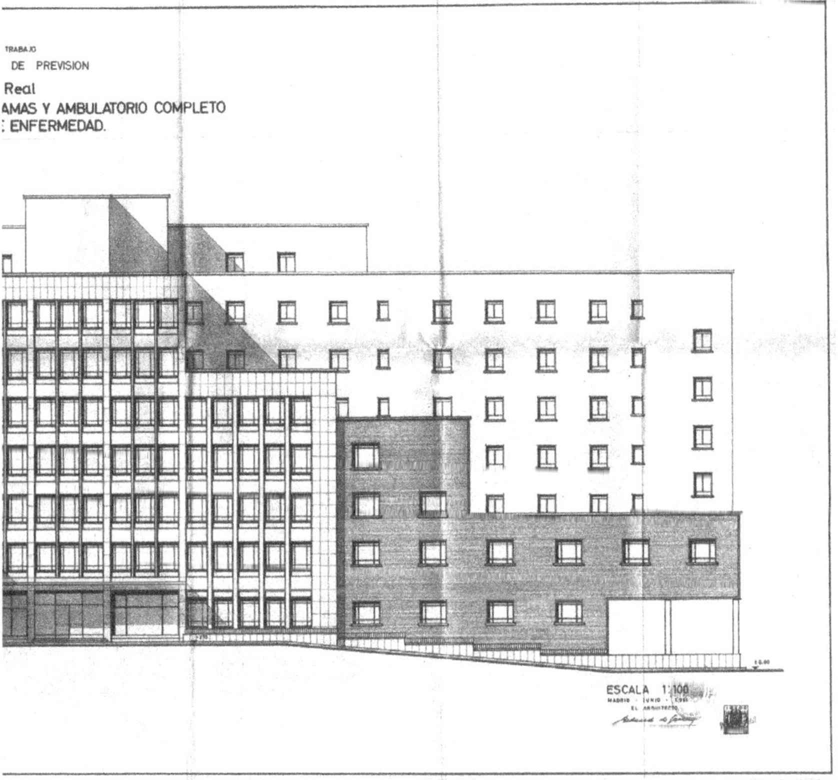

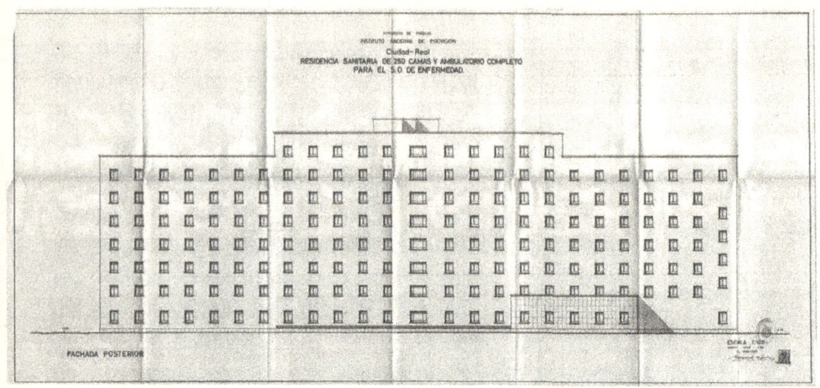

Residencia Sanitaria y Ambulatorio de Ciudad Real. Fachada posterior, 1961.
AMCR

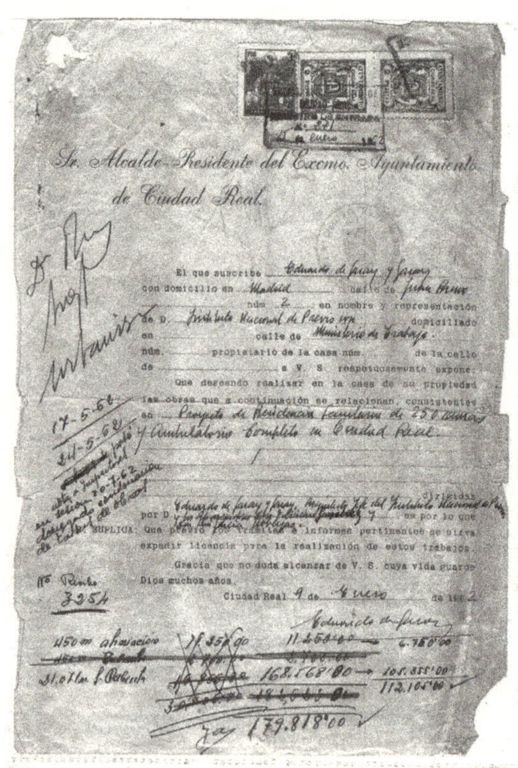

Sr. Alcalde-Presidente del Excmo. Ayuntamiento
de Ciudad Real.

El que suscribe Eduardo de Garay y Garay
con domicilio en Madrid calle de
núm. 2 en nombre y representación
de D. Instituto Nacional de Previsión domiciliado
en calle de Ministerio de Trabajo
núm. propietario de la casa núm. de la calle
de a V. S. respetuosamente expone:

Que deseando realizar en la casa de su propiedad las obras que a continuación se relacionan, consistentes en Proyecto de Residencia Sanitaria de 250 camas y Ambulatorio completo en Ciudad Real.

dirigidas por D. Eduardo de Garay y Garay, Arquitecto Jefe del Instituto Nacional de Previsión y los aparejadores D. Feliciano González y Juan García Noblejas. es por lo que

A V. S. SUPLICA: Que previo los trámites é informes pertinentes se sirva expedir licencia para la realización de estos trabajos.

Gracia que no duda alcanzar de V. S. cuya vida guarde Dios muchos años.

Ciudad Real 9 de Enero de 1962

La licencia de obras la solicita Eduardo de Garay y Garay arquitecto jefe del Instituto Nacional de Previsión, con los aparejadores Feliciano González y Juan García Noblejas. AMCR

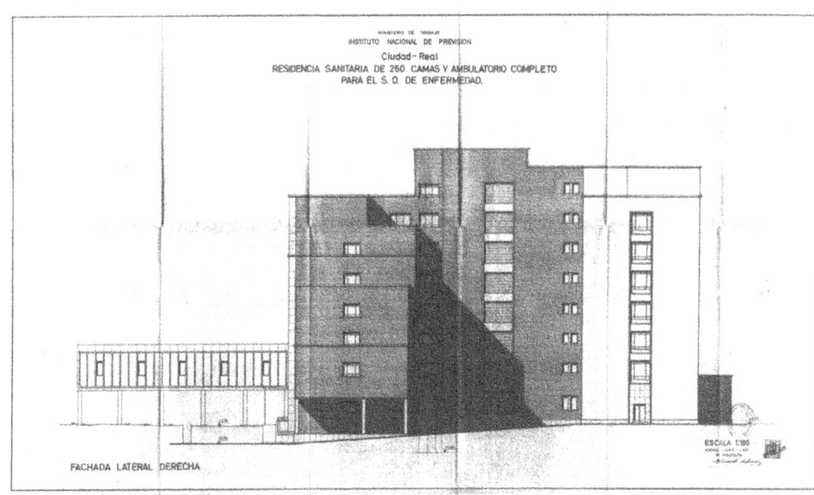

Alzado lateral derecho. Archivo Ayuntamiento Ciudad Real. AMCR

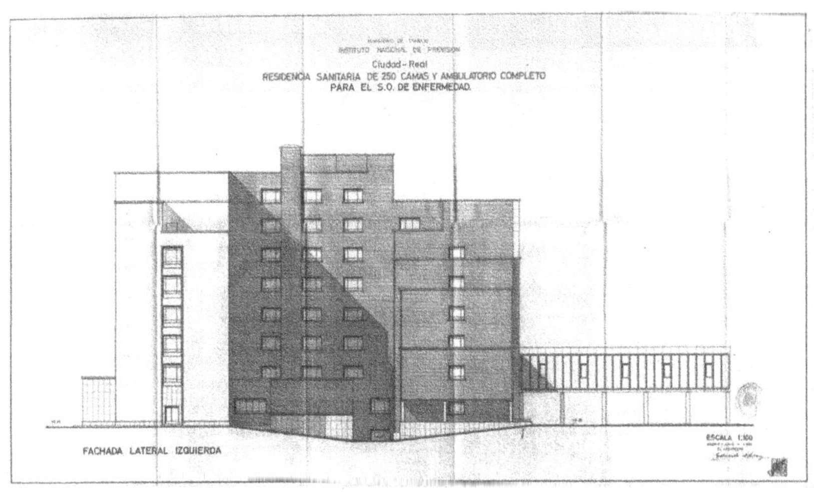

Alzado lateral izquierdo. Archivo Ayuntamiento Ciudad Real. AMCR

En la zona central de la edificación los planos entre pies derechos de realizaban con hormigón traslúcido para conseguir la iluminación de estos núcleos de comunicaciones.

El proyecto firmado en junio de 1961 tenía un presupuesto de Obra Directa de 57 365 102,16, uno de Instalaciones de 29 227 859 que sumaban un total de 86 592 961,16[123]. El proyecto estaba firma-

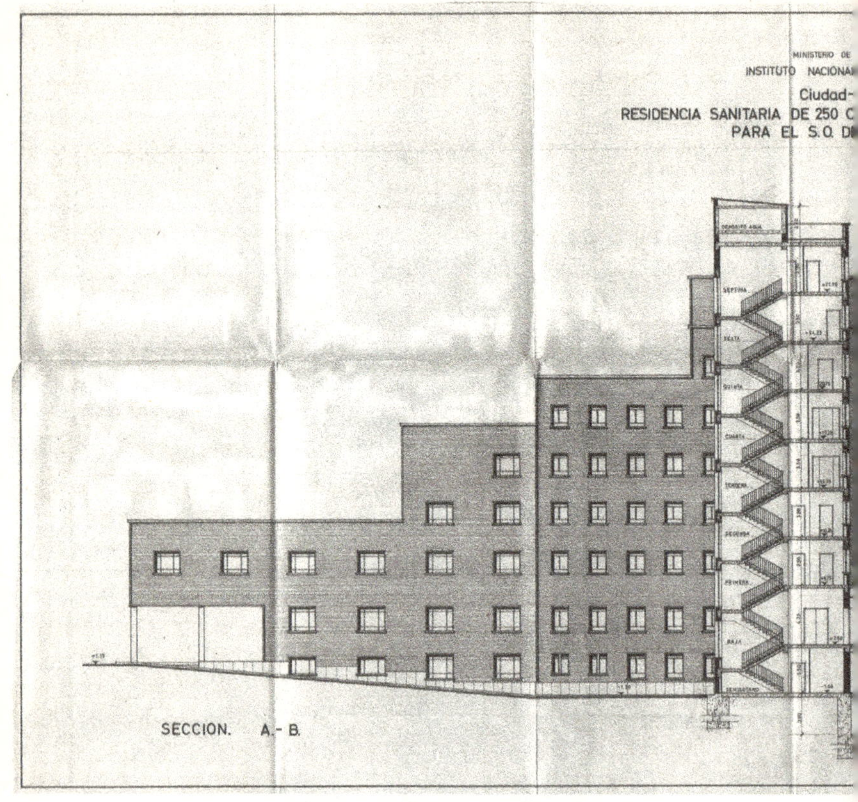

Sección AB del edificio. Archivo Ayuntamiento Ciudad Real (AMCR)

do por Eduardo de Garay y Garay y solicitaba la licencia de obras para la Residencia Sanitaria de 250 camas y Ambulatorio completo en enero de 1962. La licencia de obras se concedía el 11 de mayo de 1962[124].

Eduardo de Garay y Garay

Eduardo de Garay y Garay estuvo íntimamente vinculado, en su actividad profesional a la oficina del INP. La oficina técnica del Instituto Nacional de Previsión se formó con el Plan Nacional de Instalaciones, con una plantilla básica de tres arquitectos: Garay, Zavala y Álvarez de Sotomayor. Tras el concurso del INP, en 1947, se fichó a Botella, Marcide y Mercadal como arquitectos contratados por obra. Esa fórmula de contratación de técnicos fue la utilizada por el INP desde en-

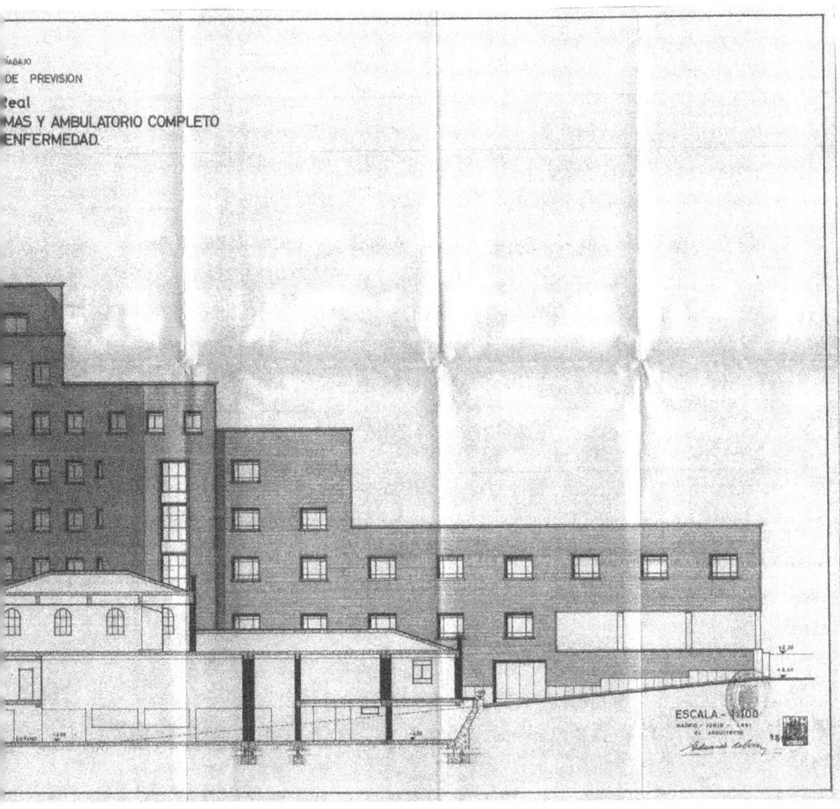

tonces. En los primeros años cincuenta se dejó sitio a Cavestany, y en 1964, tras la entrada en vigor de la Seguridad Social, entraron Aburto, Cabello, Del Cerro, Padrón y Picabea, y Flórez y Tapia se reconvirtieron de aparejadores en arquitectos. La avalancha de encargos de los últimos años sesenta obligó en 1971 a incrementar la plantilla de personal funcionario (delineantes y secretarias), y de técnicos contratados por obra.

A finales de octubre de 1946 el director del Instituto, Luis Jordana de Pozas, encargó a los jefes de los servicios médicos, de ingeniería y de arquitectura, Cámara, Shaw y Garay, respectivamente, un viaje de estudio de los principales hospitales de los Estados Unidos. Siguiendo las recomendaciones del informe Quintana para el Plan de Instalaciones del Seguro. La comisión enviada a EE.UU. visitó hospitales monobloque ya clásicos, además de algunos ejemplos históricos como el Hospital Johns Hopkins de Baltimore.

Garay relató su accidentado viaje trasatlántico a bordo de un Cüpper en un ameno texto titulado *Los hospitales en los Estados Unidos; notas de un viaje de estudio*[125]. Este pequeño texto, que salió de la preparación de una conferencia celebrada en la Escuela Social de Madrid el 21 de junio de 1946, llegó a ser libro de cabecera durante muchos años para los arquitectos que trabajaron al servicio del INP.

Eduardo de Garay y Garay, IV conde Valle de Súchil, era el arquitecto jefe de proyectos del INP. En 1946, el Instituto Nacional de Previsión convocó un concurso de anteproyectos de hospitales. Las bases del concurso dejaban claro que el Instituto no adquiría compromiso alguno con los concursantes y que podría utilizar los anteproyectos, premiados o no, a su conveniencia. No obstante, el Instituto decidió finalmente contratar a tres de los arquitectos premiados en el concurso de anteproyectos para un hospital de 500 camas, y en marzo de 1947 Botella, Marcide y Mercadal se integraron en la estructura del Instituto junto a los arquitectos Zavala, Garay y Álvarez de Sotomayor, si bien como arquitectos contratados por obra y no a sueldo como estos.

Junto a los arquitectos participaron un puñado de personas y empresas igualmente pequeño: los ingenieros Carmelo Monzón y Federico Mestre, los aparejadores Fernando Flórez, José María González Duarte y Miguel Tapia-Ruano, los delineantes Calvo, Carpí y Mateo y unos pocos empleados más. Por su parte la ejecución de estas 72 obras previstas para cinco años se adjudicó casi en exclusiva a cuatro empresas constructoras: Eguinoa Hermanos, Ramón Beamonte, Huarte y Cía S.L. y Agroman S.A. En la primera etapa del Plan se construyeron cuatro residencias de más de 500 camas: las de Barcelona (764), Zaragoza (596) Bilbao (583) y Sevilla (575).

Como Zavala, Garay encontraba razonable la vuelta al pasado. Ambos arquitectos habían colaborado en proyectos de antes de la guerra, algunos de los cuales se habían publicado en la revista *Arquitectura* durante la etapa de redactor de Zavala. El más importante había sido un concurso privado para el Edificio Capitol en el solar Carrión de Madrid. Frente a las expresivas propuestas presentadas por Gutiérrez Soto y por los ganadores Feduchi y Eced, la de Zavala y Garay mantenían las mismas intenciones monumentales, las mismas leyes de composición e incluso los mismos materiales, piedra y ladrillo, de la arquitectura madrileña tradicional.

Residencia de Seguridad Social en construcción. Fotografía Salas

Sin embargo, cuando en 1958-60 proyectaba el Ambulatorio y dispensario de accidente de trabajos, actual centro de especialidades San Fermín en Elche (incluido en el registro Docomomo Ibérico) se acercaba a un planteamiento de máxima sobriedad[126]. La Residencia Sanitaria 20 de Noviembre para 300 camas en Alicante se publicaba en la revista *Arquitectura* en 1960 al igual que su proyecto de Residencia para 100 camas en Palencia[127]. Es en estos momentos cuando realiza el proyecto de Residencia y Ambulatorio para Ciudad Real.

La inauguración el edificio

Cuando en agosto de 1964 se monta la exposición Ciudad Real XXV años de paz se dice que la "Residencia Sanitaria del Seguro de Enfermedad está en avanzado estado de construcción".

El edificio fue inaugurado el 6 de junio de 1966 con la visita de Franco a la ciudad[128]. La nueva residencia denominada Santa María de Alarcos tenía 250 camas ampliables hasta 272, cinco quirófanos, 36 nidos y 20 incubadoras. La prensa local describía así el edificio:

> En esta residencia prestarán servicio 46 médicos de las diferentes especialidades médicas y quirúrgicas, 61 enfermeras, 8 religiosas,

> 5 practicantes y 4 matronas. Además de estos servicios, el ambulatorio cuenta con enfermería, sala de radiología y laboratorio, así como un banco de sangre. A partir de la segunda planta inclusive comienza la zona de enfermería con un conjunto de 32 camas por planta y las plantas tercera y cuarta son zonas quirúrgicas y también de enfermería, en las que se incluyen nidos e incubadoras para niños prematuros... El coste del edificio, que ocupa un solar de 17.712 metros cuadrados, ha sido de 90 millones de pesetas. La nueva residencia sanitaria Nuestra Señora de Alarcos cubrirá las necesidades de 312.583 personas entre asegurados y beneficiarios del Seguro Obligatorio de Enfermedad de la provincia de Ciudad Real[129].

> El desarrollo de la medicina en los años sesenta tuvo en nuestro país resultados semejantes a los del resto de Occidente: su práctica se tornó una actividad esencialmente hospitalaria. Los médicos se concentraron en el gran hospital, dejando sin función a los médicos particulares y a los de los ambulatorios, porque la evolución de la técnica médica a través de costosos equipos, la formación de los profesionales y de las especialidades, así como los sistema de subvención de prestaciones sólo eran posibles en el gran hospital[130].

El edificio tenía un cuerpo central con huecos que se repetían a ritmos uniformes en las cinco plantas inferiores y que continuaban en un cuerpo algo más estrecho en las dos superiores. Se configuraba así en elemento central de nueve huecos, agrupados de tres en tres por las separaciones de mayor espesor de la fábrica, dos cuerpos laterales con tres huecos cada uno de ellos y un elemento más, separado con un hueco en el borde. A ambos lados de este frente de colores ocre se desarrollan los volúmenes de menor altura ejecutados en ladrillo de color rojo.

Este cuerpo delantero deja en su parte posterior un volumen de una sola planta, detrás de la cual se levantaba el conjunto de siete plantas con un cuerpo central de ocho, como núcleo de comunicaciones. Un rectángulo de 106 metros de longitud y 13,80 metros de anchura.

El modelo de hospital de los años sesenta va quedándose anticuado poco a poco por la introducción de nuevas técnicas y las necesidades de los servicios de especialidades Y junto a estos cambios se produce el del modelo de cobertura pasando de los sistemas de

Residencia de Seguridad Social en la actualidad

Seguridad Social, prevención asociada al trabajo, al sistema de "salud pública" que cubre a toda la población. El INP se convirtió en Insalud introduciendo también el sistema de los Médicos Internos Residentes (MIR) y la Ley de Especialidades que llevaron a los hospitales la formación de los especialistas necesarios para la actividad de la medicina.

El 27 de enero de 1967 el Ministerio de Educación y Ciencia aprobaba el reconocimiento oficial de Escuela de Ayudantes Técnicos Femeninos (Escuela de Enfermeras) en la Residencia Sanitaria de la Seguridad Social Nuestra Señora de Alarcos dependiente de la Universidad de Madrid, que tendría una capacidad de 60 alumnas en régimen de internado.

El edificio se completará en 1978 con el Centro de Consultas proyectado por Casares y Ruiz Yébenes construido en el lateral SO de la parcela[131]. Los desarrollos legales de los años 80 y los nuevos servicios sanitarios introducen un nuevo concepto de hospital. Un hospital es probablemente la infraestructura más grande que se construye

Vistas aéreas de la Residencia de la Seguridad Social

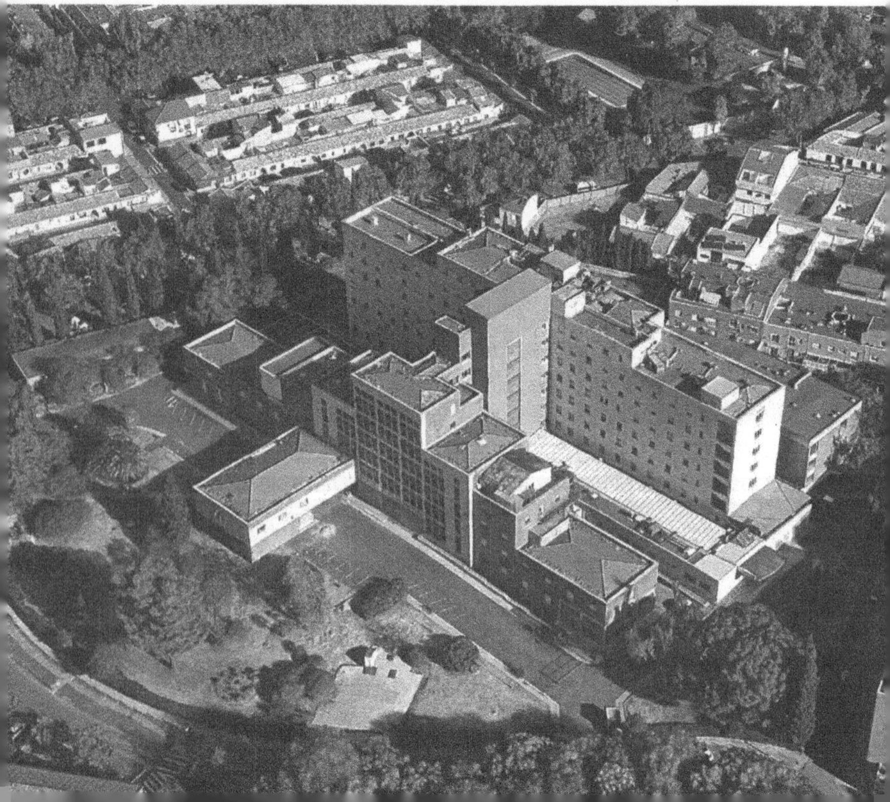

en una ciudad, un edificio de grandes dimensiones y que representa una inversión de gran cantidad de recursos públicos. Pero es también una instalación que experimenta una rápida obsolescencia dados los avances de la medicina y la nueva concepción social de los servicios hospitalarios.

El proyecto del Insalud se desarrolla en una zona fuera de rondas que había tenido en los años cincuenta un desarrollo residencial con la construcción de viviendas promovidas por cooperativas como el conjunto de Pío XII promovido por una cooperativa ferroviaria. El barrio de Pío XII es el proyecto cooperativo más importante de la ciudad. En septiembre de 1957, Rafael Rumín, en nombre de la cooperativa de la Hermandad Ferroviaria de Acción Católica, pedía permiso para construir 104 viviendas de renta limitada en seis bloques. En años y fases sucesivas se completa la construcción de una barriada que llega a tener 708 viviendas. Durante los cerca de cuarenta años de funcionamiento del Hospital construido por el Insalud, sus instalaciones eran una referencia de actividad para la zona si bien con un nivel de independencia grande y una influencia relativa en el desarrollo urbanístico de la zona.

La Residencia Santa María de Alarcos permaneció activa hasta la inauguración del HGUCR en 2005 como referente sanitario de la ciudad.

La atención sanitaria en la ciudad se completa con tres centros de salud que atienden cada uno de ellos a una población de unas 24 000 personas: Centro de Salud I, en la plaza de Pío XII, Centro de Salud II, en la calle Palma 11 y Centro de Salud III en la calle Severo Ochoa, estando prevista, en la actualidad el Centro de Salud IV en la zona del HGU.

El Centro de Salud I de Ciudad Real está situado en las proximidades de la antigua Residencia Nuestra Señora de Alarcos y fue proyectado por los arquitectos Casares y Ruiz Yébenes. Ocupa una parcela de 2059 metros cuadrados en la calle Guadalmez 24 y tiene 6 plantas con las cuatro primeras de 1280 metros cuadrados en las que se ubican las diferentes consultas y servicios, llegando a un total de 7572 metros construidos.

El Centro de Salud II se sitúa en la zona del Torroón on una parcela rectangular localizada entre los bloques de viviendas. Una parcela de 760 metros cuadrados y un edificio de dos plantas de 1307 metros construidos.

El Centro de Salud III

> se inauguró en 2010 para atender a 24.000 vecinos de la capital provincial. Cuenta con consultas de Medicina Familiar y Comunitaria, de Pediatría y de Enfermería, con salas de cura, y un área administrativa. Además, está dotado con área de Trabajo Social, de Salud Bucodental, zona de Rehabilitación y Fisioterapia, Psico-profilaxis obstétrica (preparación al parto), y zona quirúrgica destinada a Cirugía Menor Ambulatoria. El Centro dispone también de un aula y una biblioteca[132].

Un proyecto del equipo de arquitectos Arquitecnia, BAT. El solar se encuentra al norte del casco urbano de Ciudad Real en una parcela con una superficie aproximada de 3000 m^2. y se encuentra en la confluencia de las calles Severo Ochoa y Miguel Delibes. El edificio ofrece su máximo retranqueo hacia la calle Severo Ochoa. En este espacio de retranqueo se resuelve el acceso principal, haciendo esquina con la calle Miguel Delibes, así como una zona ajardinada que rodea toda la edificación.

> La contundencia volumétrica del edificio y el espacio de aproximación dispuesto frente a él refuerzan el carácter público del centro, que busca diferenciarse de las construcciones colindantes con la intención de resultar fácilmente identificable por el ciudadano. Partiendo de una pieza rectangular se ha buscado contrarrestar la compacidad inicial del paralelepípedo resultante mediante dos operaciones adicionales. La primera de ellas consistente en segregar un cuerpo de una planta hacia la zona noroeste de acceso, destinada a albergar las dependencias administrativas.
>
> La segunda operación se ha centrado en matizar el perfil horizontal del edificio, introduciendo en el plano superior de la construcción una caja de metal desplegado que alberga las instalaciones de climatización. El elemento central del centro de salud es un gran patio rectangular, alrededor del cual se agrupan todas las funciones. El gran patio central permite controlar las condiciones higrotérmicas exteriores, así como la iluminación natural de los espacios interiores. La planta baja soporta la parte más pública del programa. El acceso principal y los servicios se disponen agrupados junto al núcleo de comunicaciones verticales. Se busca la

Vistas, exterior y patio interior del Centro de Salud III

flexibilidad del proyecto, disponiéndose los núcleos de servicios de forma que no condicionen la redistribución futura [133].

Está en elaboración el proyecto del Centro de Salud IV en la zona próxima al Hospital General Universitario.

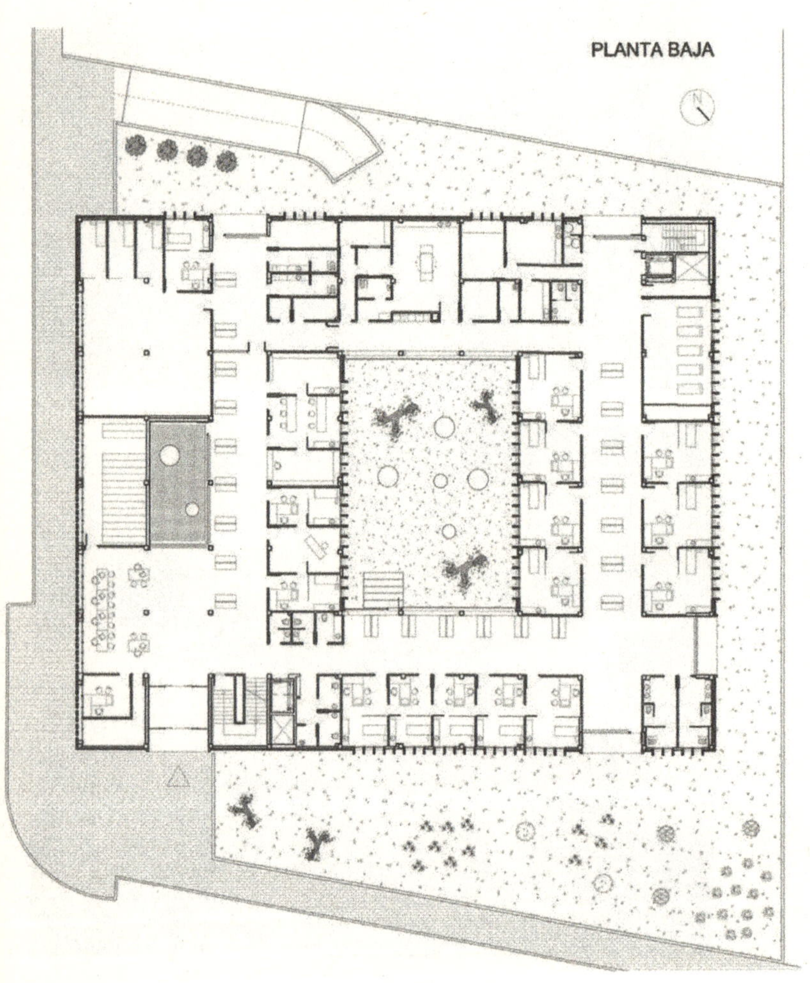

Plano de distribución de planta baja. Centro de Salud III

119 Pieltáin Álvarez-Arenas, Alberto, 2003. *Los hospitales de Franco: la versión autóctona de una arquitectura moderna*, Tesis Doctoral, ETSAM, p.26.
El Instituto Nacional de Previsión (INP) fue un organismo de protección social de España creado en 1908, en virtud de Ley de 27 de febrero de ese mismo año, durante la presidencia del gobierno de Antonio Maura. Continuó existiendo hasta 1978, cuando se reorganizó su estructura. Constituyó la primera institución oficial encargada de la Seguridad Social y de la asistencia sanitaria en España. Seguro Obligatorio de Enfermedad (1942), implantado el 1 de septiembre de 1944.

120 ISASI, Justo, 1994. "De la previsión social a la salud pública, Tipos sanitarios en la España contemporánea" en *Revista AV* n.º 49, septiembre-octubre, 1994, p.13.

121 Pieltáin Álvarez-Arenas, Alberto, 2003, p. 55

122 *Proyecto para Residencia del SOE con ambulatorio completo en Ciudad Real.* Archivo Municipal Ciudad Real

123 Los honorarios eran 733 215,07 pesetas con lo que el presupuesto general era de 87 326 176,23.

124 La licencia de obras pedía el pago de 112 105 pesetas que se solicitaban a la empresa Dragados y Construcciones (6750 por 450 metros alineación y 105 355 por 21 071 metros superficie cubierta)

125 Garay y Garay, Eduardo de, 1947. *Los hospitales en los Estados Unidos. Notas de un viaje de estudio.* Madrid: IMP, 1947.

126 https://docomomoiberico.com/edificios/ambulatorio-y-dispensario-de-accidentes-de-trabajo-de-san-fermin/

127 Véase "Residencia Sanitaria para trescientas camas en Alicante", en *Arquitectura* 19 (1960), pp. 28-29.

128 "La Mancha con Franco" titulaba el periódico *Lanza* el 07.06.1966. lanzadigital.com/. hemeroteca/.

129 Diario *Lanza* 07.06.1966.

130 Isasi, Justo, 1994. p. 12.

131 Peris Sánchez, Diego, 2017. "75 años de arquitectura contemporánea en Ciudad Real" en *Cuadernos de Estudios Manchegos* n.º 42, Ciudad Real, Instituto de Estudios Manchegos, pp. 19-66, p. 40.

132 Lamata, Fernando, 2023. "Sanidad en Ciudad Real" en VV.AA., *Ciudad Real en los años de progreso. Democracia y Autonomía*, Ciudad Real, Editorial Serendipia, Ciudad Real Ensayo, pp. 183-219, p. 198.

133 https://www.archdaily.cl/cl/02-65225/centro-de-salud-ciudad-real-3-arquitecnica

7 EL HOSPITAL GENERAL UNIVERSITARIO

En diciembre de 1994 se aprobó la expropiación de una parcela de 161 543 metros cuadrados situada al sur del polígono Larache, para la construcción del futuro hospital de Ciudad Real. El 16 de enero de 1995 se firmó el acuerdo entre la Consejería de Sanidad del Gobierno de Castilla-La Mancha y el Insalud para la construcción del edificio y el 24 de mayo de 1998 comenzaron las obras, procediéndose al acto de colocación de la primera piedra del centro el día 10 de junio de este mismo año. La Consejería de Sanidad del gobierno autonómico recibió las trasferencias del Insalud en materia de sanidad y asumió la responsabilidad de las obras.

El nuevo Hospital General de Ciudad Real con 197 310 metros cuadrados construidos dispone de cuatro zonas diferenciadas: una central con 7 plantas que acoge toda la hospitalización, una segunda zona de apoyo residencial que se reparte en dos plantas una de las cuales es el servicio de Urgencias, una tercera zona destinada a administración y gestión y una cuarta dedicada a almacenes. La implantación de la enseñanza de Medicina en el campus de Ciudad Real de la Universidad de Castilla-La Mancha (UCLM) ha convertido el Hospital General de Ciudad Real en Hospital General Universitario.

Frente a los hospitales verticales nacidos en los años sesenta se planteaban soluciones diversas, desde los hospitales de planta horizontal que requieren grandes recorridos de comunicaciones a los hospitales matriciales en los que se establecen relaciones en diferentes direcciones. El hospital de Ciudad Real opta en su definición por

En la página anterior. Vista del acceso a la zona de consultas del Hospital General Universitario de Ciudad Real

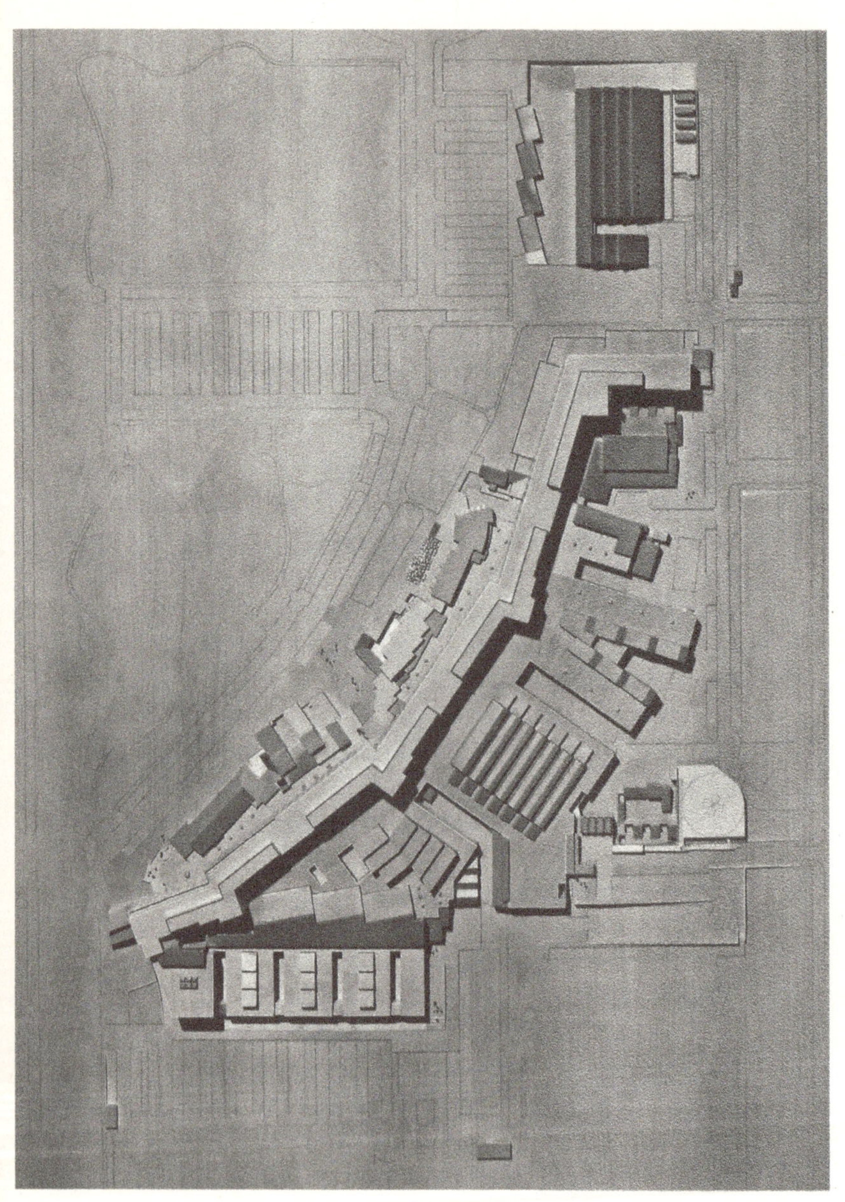

Maqueta del Hospital General Universitario de Ciudad Real

una planta extensa en su conjunto, manteniendo el carácter vertical en la zona residencial que alcanza las siete alturas con las plantas superiores dedicadas intensivamente a habitaciones residenciales. Las dos plantas inferiores acogen todos los restantes servicios en áreas con una cierta independencia que se relacionan a través de ejes de comunicación horizontal.

El proyecto del HGUCR

El proyecto del edificio fue redactado por los arquitectos Ángel Fernández Alba y Soledad del Pino Iglesias. Los hospitales son unos de los edificios más complejos y en los que la incorporación de las tecnologías, instalaciones y multiplicidad de relaciones entre zonas y servicios es más importante.

Ángel Fernández Alba y Soledad del Pino han realizado también en Ciudad Real los proyectos del Conservatorio de Música el año 2006 y el Parque de Juan Pablo II[134].

Para resolver los problemas que presentan las tipologías verticales se plantean soluciones más horizontales con conceptos lineales o matriciales. En el primer caso se crean grandes ejes principales que conectan los diferentes servicios. En el concepto matricial, los módulos crecen y se interrelacionan en las tres direcciones del espacio. Y junto a ello, los continuos avances tecnológicos hacen necesario diseñar contenedores cada vez más neutros capaces de albergar los cambios que se desarrollan con gran rapidez. Las tecnologías se hacen cada vez más complejas y exigentes. Y por otra parte se va imponiendo la necesidad de humanizar estos espacios donde se demanda no solo una atención especializada y una tecnología avanzada sino, sobre todo, un trato personalizado y humano.

El proyecto de Hospital realizado es, sin ninguna duda, uno de los grandes proyectos de arquitectura realizados en los últimos años en Ciudad Real, por su dimensión y, sobre todo, por la calidad del proyecto realizado. Se ha elegido un modelo de edificio fragmentado, integrado por numerosas piezas independientes que se implican entre sí creando relaciones en sus comunicaciones en planta y en una volumetría de imagen general compleja y llena de recursos formales, visuales y espaciales. Un edificio de estas dimensiones requería una aproximación formal singular y el proyecto lo ha abordado desde esta perspectiva. El Hospital de Ciudad Real presenta así una imagen que,

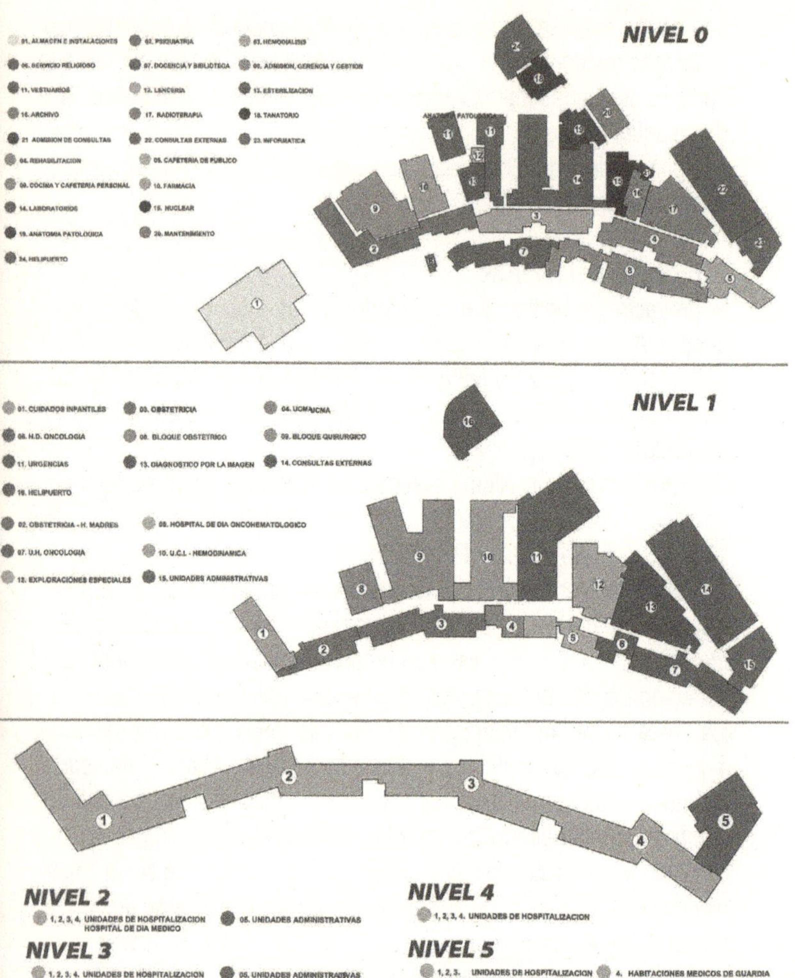

Esquemas de organización del conjunto hospitalario

en su gran escala, es posible describir desde el fragmento parcial, desde cada uno de los elementos puntuales que lo integran. Esta división ha permitido crear una imagen urbana que crea un referente singular en el territorio y que cualifica una zona de la ciudad. La forma dividida permite una cantidad de relaciones de volúmenes en su forma externa y una riqueza de espacios en su interior que cualifican de forma excepcional la arquitectura.

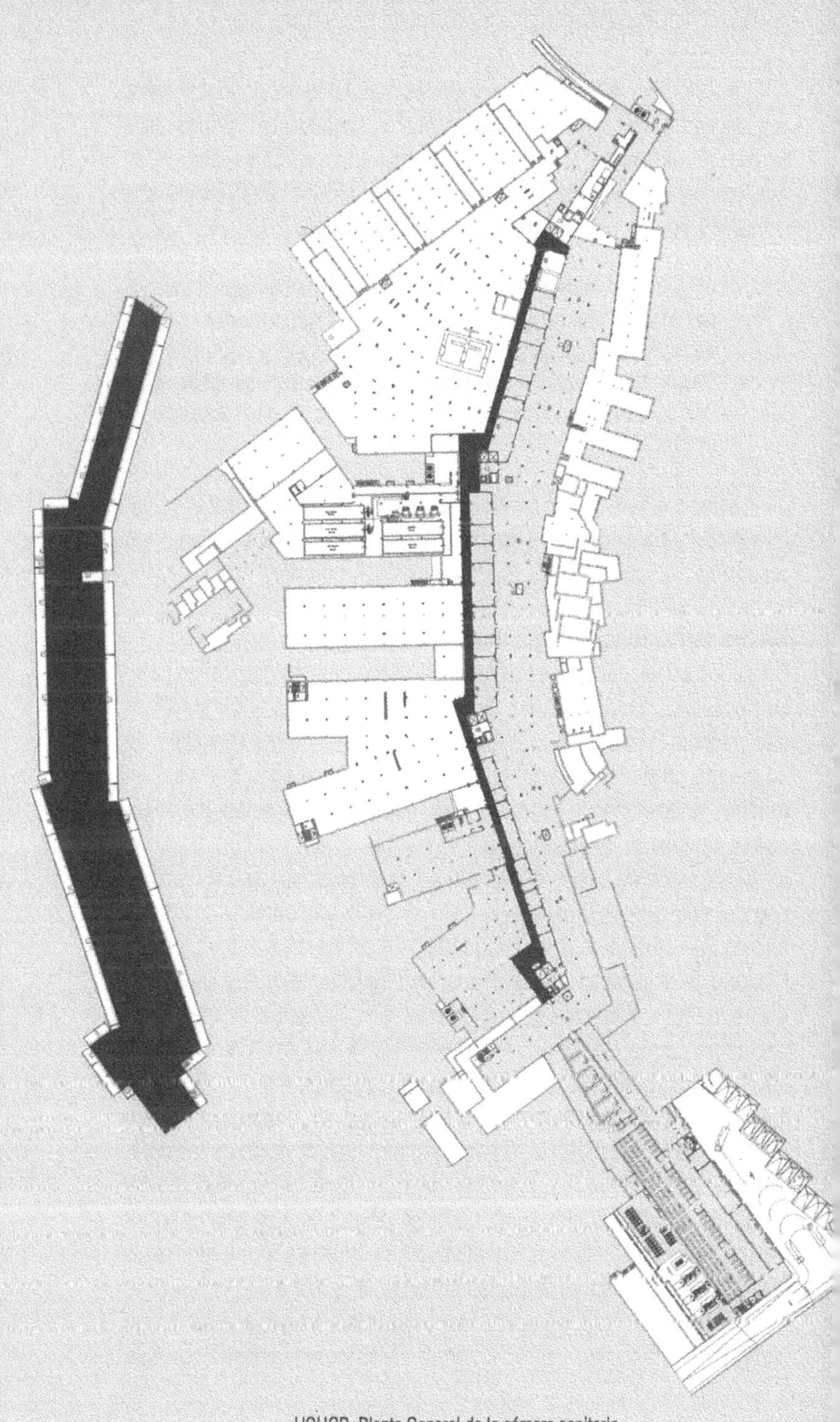

HGUCR. Planta General de la cámara sanitaria

La visión cercana del usuario de las instalaciones descubre valores singulares. El recorrido externo nos va dejando ver formas, materiales y volúmenes complejos que tienen sus valores espaciales en esa complejidad tratada con un diseño cuidado en cada uno de sus detalles y de una ejecución constructiva cualificada.

> Al igual que en muchas de las obras tempranas de Ángel Fernández Alba, la idea compositiva es la de un *collage*, y los numerosos elementos del conjunto sugieren orígenes, usos y asociaciones aislados. La sensación de un collage de partes distintas da lugar a una narrativa arquitectónica y a un sentido de duración temporal y de continuidad [135].

Los esquemas de zonas elaborados por el propio Hospital muestran esta fragmentación de elementos que se superponen y agregan en una secuencia lineal quebrada (ver página anterior).

Un programa funcional complejo

Cada uno de los diferentes accesos del gran volumen construido tiene su peculiaridad que nos permite reconocer, identificar y personalizar ese espacio. Y en cada uno de ellos, junto a la forma compleja de su planta, se hace presente la forma de los volúmenes que se diferencian, sobresaliendo, conformando cubiertas que establecen una nueva dimensión de lo construido y se imbrican entre sí conformando realidades que se hacen diferentes en cada perspectiva. Los recorridos del acercamiento al edificio van haciendo presentes u ocultando formas que ofrecen nuevas imágenes de gran fuerza e interés formal. El plano de la zona de habitaciones, perforado a ritmos regulares con los pequeños volúmenes que sobresalen en sus plantas inferiores tienen una imagen más reposada y equilibrada que se quiebra en los laterales fragmentados en los que se hacen patentes los diferentes cuerpos del conjunto o en la fachada de acceso a la zona de consultas en la que el propio perfil quebrado del plano deja la visión de los volúmenes y las cubiertas. Junto a este recorrido formal, los materiales del edificio y su utilización nos van permitiendo una lectura rica del gran volumen construido. El ladrillo visto que se perfora de forma regular, la fachada de piedra sobre la que se prolonga la cubierta de zinc con sus formas y remates, o el revestimiento metálico que desciende sobre la fachada del conjunto. Los volúmenes de diferentes alturas con sus

1.- Almacén. Instalaciones; 2A.- Psiquiatría; 2B.- Hemodiálisis; 2C.- Rehabilitación; 2D. Cafetería público; 3A.- Farmacia; 3B.- Laboratorios; 3C.- Anatomía Patológica; 3D.- Nuclear; 3E.- Radioterapia; 4A.- Aulas. Biblioteca; 4B.- Salón de actos. Capilla; 4C.- Administración. Gerencia y Gestión

1. Cuidados infantiles; 2.- Obstetricia, 3.- UCMA; 4.- Hospital de Día. Oncohematológico; 5.- HD Oncología. UH Oncología; 6.- Bloque Obstétrico; 7.- Bloque Quirúrgico; 8.- UCI. Hemodinámica; 9.- Urgencias; 10.- Exploraciones especiales; 11.- Diagnóstico imagen; 12.- Consultas externas; 13.- Unidades administrativas

Vistas generales de la edificación

hospital
20

giros y encuentros conforman una volumetría que tiene, en la cubierta, un espacio singular de actuación y de expresión formal.

El acceso por la zona de habitaciones (fachada Oeste) lleva a un gran eje lineal de formas quebradas y grandes espacios que va dando paso a las diferentes zonas hospitalarias. En su lado izquierdo, después del vestíbulo de entrada, se accede a la zona de aulas, biblioteca, salón de actos y la capilla en su extremo final. En el lado derecho se sitúa la zona de gestión y administración del hospital terminando el recorrido en la zona de cafetería. En el lado izquierdo de este pasillo se localizan las zonas de Psiquiatría, Hemodiálisis y Rehabilitación.

En la otra fachada (Este) de la planta 0 se van localizando espacios de formas independientes que corresponden a Farmacia, Laboratorios, Anatomía Patológica, Medicina Nuclear y Radioterapia.

En la planta 1 ya no existe el volumen ocupado por servicios auxiliares y en el espacio de fachada aparecen las zonas de cuidados infantiles, Obstetricia, UCMA, Hospital de Día Oncohematológico, HD Oncología y UH Oncología. En la otra parte del edificio el Bloque Obstétrico, el Bloque Quirúrgico, la UCI Hemodinámica, Urgencias, Exploraciones espaciales, Diagnóstico de Imagen, la zona de consultas externas y las Unidad administrativa. En esta otra fachada se localiza la entrada principal que conduce al vestíbulo de acceso para la zona de consultas externas situadas en las plantas 0 y 1.

A partir de la planta 2 la edificación queda limitada al núcleo de habitaciones que sube hasta la planta 7 con su doble fachada Este y Oeste.

> Probablemente no exista otro lugar en donde la mente humana se tenga que ajustar con tanta rapidez y precisión a los elementos fundamentales del futuro, el espacio y el tiempo, como en los hospitales... El edificio físico como institución puede enfrentarse a transformaciones constantes y, aun así, su identidad como lugar queda congelada como imagen simbólica... Para abarcar el proyecto, es necesario estar físicamente en el espacio, no para experimentarlo o comprenderlo intelectualmente, sino para apreciar la sensibilidad espacial y material portadora de una conciencia humana, así como la posibilidad de comunicación a través del espacio y con él [136].

Los recorridos internos del edificio presentan una especial riqueza de detalles y ámbitos. La forma quebrada de su concepción inicial ge-

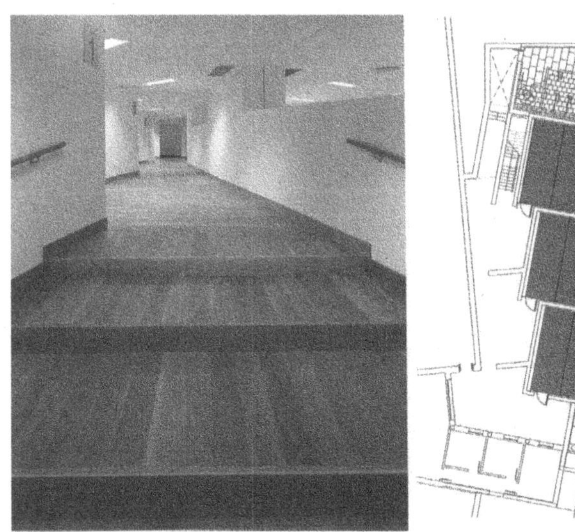
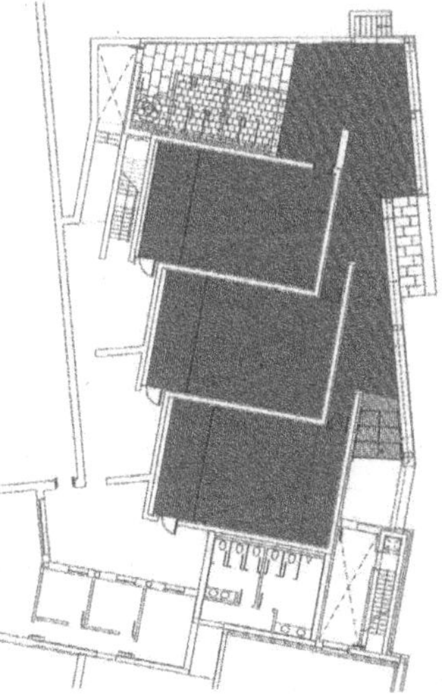

Zona de aulas y pasillo de acceso

nera espacios complejos, fragmentados, que se ensanchan, se bifurcan en lugares de gran riqueza visual. Los pasillos se han convertido en recorridos sugerentes, llenos de espacios que se amplían, que dan acceso a zonas determinadas, a ámbitos de uso diferenciado. Ese recorrido está marcado por el pavimento de terrazo continuo con formas irregulares, de geometrías diversas. En cada uno de los recorridos, detalles constructivos cualificados: pavimentos, encuentros de paramentos, revestimientos de paramentos que prolongan las carpinterías de acero inoxidable en sus laterales, falsos techos que se perforan para permitir la entrada de la luz cenital... La buena arquitectura puede hacer que la atención sanitaria se realice de forma cualificada y que la estancia de los usuarios sea más agradable.

> El dimensionamiento de los recursos del hospital no es el resultado de aglutinar las necesidades expresadas por los diferentes servicios, sino que se encuentra determinado por el modelo asistencial adoptado, los sistemas de organización y gestión, los sistemas de información, los flujos de pacientes y los niveles de relación e integración entre los diferentes servicios y unidades del hospital[137].

Las circulaciones son elementos esenciales del edificio y así por ejemplo en el área de hospitalización las habitaciones se agrupan en

Fachada Oeste. Hospitalización

una fachada revestida de ladrillo con huecos regulares. Un amplio pasillo que permite la circulación de camas recorre por delante estos espacios y al otro lado del pasillo espacios para médicos y personal sanitario, material de farmacia y diferentes equipos. Y por detrás de este equipo un nuevo pasillo de circulaciones que permite un recorrido interno entre los sanitarios que conforma una fachada diferente recubierta de chapa metálica con huecos horizontales. En un espacio como el residencial-hospitalario dos recorridos lineales que unen los diferentes espacios de cada módulo de habitaciones. Un esquema que se repite en diferentes lugares del conjunto para circulación de alimentos, de enfermos que se trasladan a quirófanos o zonas de tratamientos...

El edificio tiene cerca de 320 metros de longitud en su lado más largo. En la zona residencial se diferencian módulos que van girando unos respecto de otros con una cierta autonomía de funcionamiento. Los espacios de los diferentes servicios se unen por galerías de comunicaciones que establecen recorridos internos complejos para las diferentes actividades del centro.

Consultas externas. Sala de espera

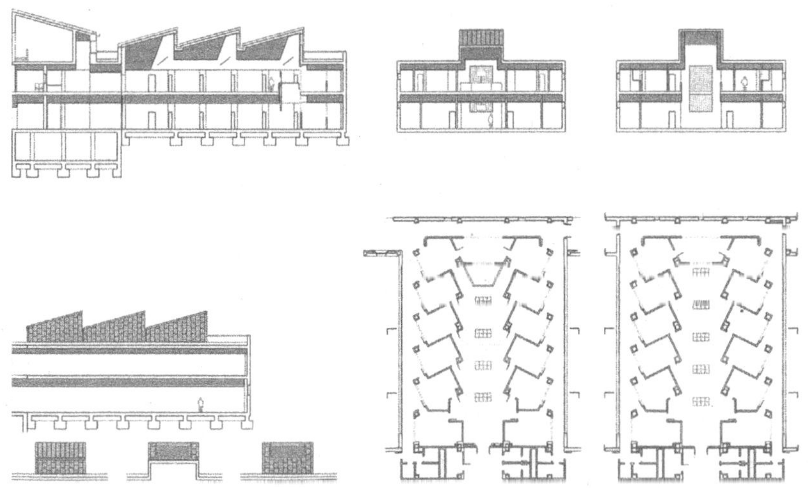

Zona de consultas. Planta y secciones

La zona de administración y gestión

Está integrada por un conjunto de módulos que conforman una pieza construida de una planta que se adosa con formas quebradas a la línea definida por el módulo de hospitalización.

A la derecha de la entrada se localizan las zonas administrativas y de gestión en un recorrido que desemboca en una sala de exposiciones y donde se une con la cafetería comedor estableciendo también la relación con el pasillo de acceso a la zona de consultas.

En el lado izquierdo se localizan un conjunto se servicios singulares como aulas de docencia, biblioteca, salón de actos y capilla. Piezas que tienen una cierta independencia con acceso por el amplio pasillo que comunica con cada zona de hospitalización.

La zona de aulas se separa ligeramente con un nuevo recorrido que da acceso a cada una de las tres que conforman la zona docente ya que el Hospital es un hospital universitario que atiende a la formación de los alumnos de la Facultad de Medicina que se proyecta construir en las proximidades del Hospital. Tres espacios de planta rectangular que se unen con un ligero desplazamiento entre ellos dejando un acceso en una rampa escalonada exterior que se separa del pasillo de circulaciones con muros gruesos abiertos en el paramento lateral.

A continuación, se localizan el módulo de Biblioteca, salón de actos y en el extremo final la capilla. El salón de actos es de planta convergente y pavimento escalonado para permitir una buena visibilidad de la zona de presidencia.

Un conjunto de piezas con formas singulares que se van uniendo en uno de sus lados por el pasillo de circulaciones que da acceso a cada una de ellas y que en el otro lado comunica con zonas hospitalarias y accesos a las plantas superiores de hospitalización. Exteriormente esta zona de una planta tiene una cubierta de cinc con formas quebradas y delante de sus paramentos una agrupación de grandes rocas redondeadas que separan los espacios de la zona de tránsito exterior. Una imagen de gran fuerza visual en la que la geología se hace parte integrante del paisaje exterior del edificio.

En la página siguiente. Vista de la cubierta de los volúmenes de las piezas de esta zona del edificio

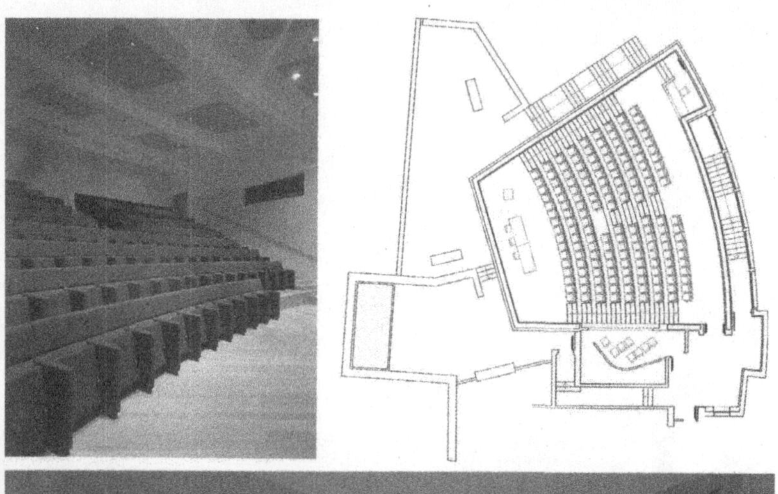

Salón de actos

La zona de almacenamiento e instalaciones

La zona de almacenamiento e instalaciones se concibe como una pieza separada situada en una zona distante del conjunto de espacios estrictamente hospitalario.

Un volumen, también con fábrica de ladrillo y cubiertas de cinc, con una sección más industrial en diente de sierra para permitir una iluminación lineal de las zonas interiores.

Almacén e instalaciones

El Hospital y la ciudad. Crecimiento urbano en su entorno

La construcción del nuevo Hospital General Universitario es un referente arquitectónico de la ciudad por su calidad y porque supone la transformación de un área importante de la misma y la creación de una zona de nuevo crecimiento con equipamientos diversos[138]. El Hospital General de Ciudad Real se inauguró a finales del año 2005 comenzando paulatinamente la implantación de todos los servicios y el traslado desde la Residencia de la Seguridad Social. Con una plantilla de 2805 personas constituye un recurso esencial para la ciudad y para el conjunto de la provincia.

> Deben reconocerse las complejidades crecientes de nuestros problemas funcionales. Me refiero, desde luego, a esos programas característicos de nuestra época que son complejos por su campo de acción, tales como los laboratorios de investigación, los hospitales y, especialmente, los enormes proyectos a escala urbana... El programa complejo, que es un proceso continuamente cambiando y creciendo, pero en cada etapa relacionado a algún nivel con el todo, debería reconocerse como esencial de la escala del urbanismo[139],

decía ya en 1966 el arquitecto Robert Venturi.

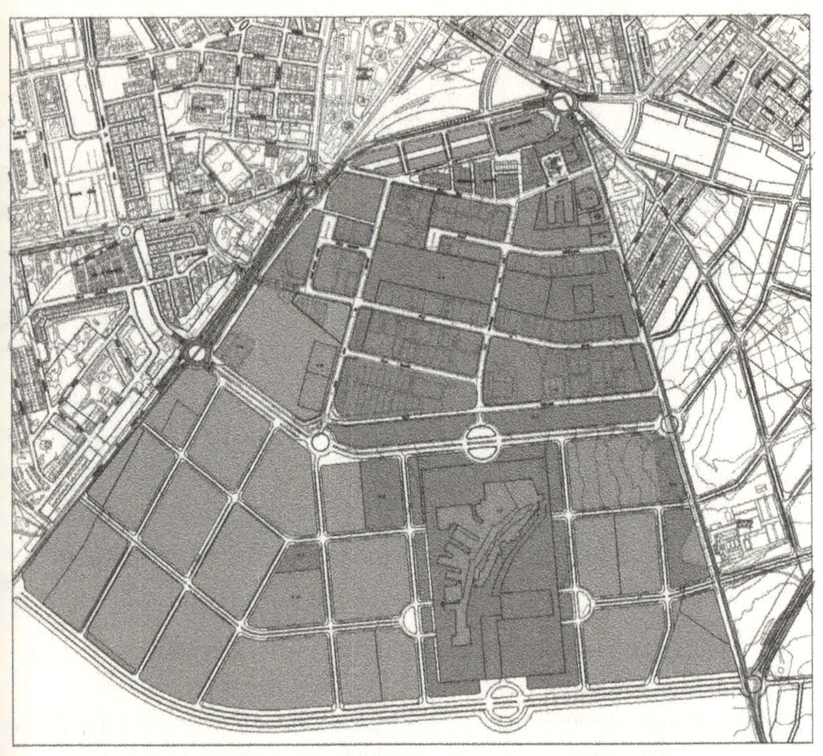

Desarrollo urbanístico en torno al Hospital Gerneral Universitario de Ciudad Real

El Hospital General Universitario se separa de la zona del Polígono industrial Larache por la avenida de los de los Reyes Católicos y una amplia zona verde. En sus laterales este y oeste surgen un conjunto de edificaciones residenciales de bloques con zonas comunes construidos entre los años 2005 y 2012, con más del 65% concentrado entre 2005 y 2007. Un total de 1959 viviendas en bloques de seis plantas con locales comerciales en sus plantas bajas y amplias zonas verdes en su perímetro, que en su zona este llegan hasta la carretera de Fuensanta[140]. En el entorno del Hospital se produce un crecimiento residencial importante en las primeras décadas del siglo XXI. Un desarrollo inmobiliario que sigue el desarrollo general del país con especiales acentos en Ciudad Real y que supera ampliamente las necesidades reales convirtiendo el sector residencial en un área de inversión por encima de la atención a las necesidades reales de la población. El nuevo Hospital General Universitario de Ciudad Real

Desarrollo urbanístico en torno al Hospital Gerneral Universitario de Ciudad Real

se ha convertido en elemento dinamizador de un entorno construido, consolidando una actividad residencial y comercial intensa en la zona. Y junto a ello una dinámica de flujos urbanos de gran importancia en la ciudad. Los miles de personas que, diariamente, acceden al centro proceden de la propia ciudad y de los municipios de su entorno convirtiéndose en foco de atracción local y provincial.

El Hospital se sitúa dentro de un recinto urbano cuidado en sus materiales, diseños y elementos de mobiliario urbano. La calidad de los pavimentos, la sencillez de delimitaciones entre materiales, la valla perimetral y otros muchos detalles hacen referencia a una calidad de diseño y de formas sugerentes. Una superficie de estas características ha permitido este conjunto de posibilidades de aparcamiento, de espacios libres de separación respecto de las edificaciones próximas que requiere una instalación sanitaria pensada para el futuro.

A lo largo de los siglos, la instalación hospitalaria ha ido evolucionando en Ciudad Real de acuerdo con la concepción de esta infraestructura, en su propia estructura y dimensión y en el influjo que ejerce sobre el conjunto de la ciudad. Los hospitales se han convertido no sólo en grandes elementos por sus dimensiones, sino también por la importante cantidad de personas que trabajan en ellos, los pacientes y visitantes que reciben a diario y por la influencia que ejercen sobre el territorio. Desde el hospital asistencial de san Juan de Dios al complejo hospitalario de la Diputación provincial y el del Insalud hasta llegar al actual Hospital General Universitario, construcciones que quedan obsoletas con rapidez. Y construcciones que responden a nuevas necesidades de la medicina conformando entornos urbanos, modificando la realidad construida en su proximidad y sobre todo generando dinámicas de movimiento de personas y servicios importantes. En el caso de Ciudad Real no sólo dentro de la propia ciudad, sino también en un entorno geográfico de diferentes poblaciones que tienen en esta instalación su referencia sanitaria.

Si el hospital del Carmen inicial llega a tener 20 849 m^2, el Hospital nuevo que construye la Diputación tenía 22 322 m^2 y la Residencia de la Seguridad Social 30 966, el Hospital General Universitario tiene 197 310 m^2 lo cual da una idea del desarrollo de los servicios y los avances realizados en el ámbito sanitario.

EDIFICIO	SUPERFICIE CONSTRUIDA	SUPERFICIE SOLAR
Hospital Carmen	20 849	57 849
Hospital Provincial	22 322	17 793
Residencia Seguridad Social	30 966	20 368
HGUCR	197 310	157 346

134 Peris Sánchez, Diego. (2019), *Espacios y tiempos en Ciudad Real. La ciudad exterior*, Ciudad Real, Serendipia Editorial, pp. 178-182.

135 Pallasmaa, Juhanni. (1999), "Domesticando un gigante. Intención y experiencia", en Fernández Alba, Ángel, coord. *Hospital General de Ciudad Real, Learning from C.R.* Ciudad Real, pp. 23-27, p.26.

136 Olaf Fjeld, Per. (1999), "Cruzando el umbral", en Fernández Alba, Ángel, coord. *Hospital General de Ciudad Real, Learning from C.R.* Ciudad Real, pp. 9-21, p. 12.

137 Paniagua, José León. (1999), "Una arquitectura de cuidados intensivos", en Fernández Alba, Ángel, coord. *Hospital General de Ciudad Real, Learning from C.R.* Ciudad Real, pp. 29-35, p. 32.

138 Peris Sánchez, Diego. (2011), "Arquitectura en Castilla-La Mancha: una década muy provechosa" en *Añil*, 2.ª época, núm. 31, pp. 139-143.

139 Venturi, Robert. (1966), *Complejidad y contradicción en la arquitectura*, Barcelona, Gustavo Gili.

140 Datos de viviendas y año de construcción de la Sede Virtual del Catastro de Hacienda.
Peris Sánchez, Diego y Moyano, Alejandro. (2015), "La transformación de Ciudad Real (1990-2014). Urbanismo y arquitectura" en: *Congreso nacional, Ciudad Real y su provincia*, t. III, Ciudad Real, pp. 396-414, pp. 410-411.

ABREVIATURAS Y BIBLIOGRAFÍA

ABREVIATURAS

AMCR	ARCHIVO MUNICIPAL DE CIUDAD REAL
ADPCR	ARCHIVO DIPUTACIÓN PROVINCIAL DE CIUDAD REAL
AHPCR	ARCHIVO HISTÓRICO PROVINCIAL DE CIUDAD REAL
AHN	ARCHIVO HISTÓRICO NACIONAL

BIBLIOGRAFÍA

ASÍN VERGARA, Rafael. (1999), "Marco legislativo y evolución económica" en VV.AA., *Historia de la Diputación Provincial de Ciudad Real, 1835-1999*, Ciudad Real, Diputación Provincial, pp.15-32.

BÁGUENA CERVELLERA, María José. "La tuberculosis en la historia" en *Anales (Reial Acadèmia de Medicina de la Comunitat Valenciana)*, n.º 12, 201.

CAYUELA FERNÁNDEZ, José Gregorio y ABAD GONZÁLEZ, Pedro. (1999), "La Restauración y la Dictadura (1871-1931)" en *Historia de la Diputación Provincial de Ciudad Real (1835-1999).* Ciudad Real, Diputación Provincial, pp. 147-185.

CLEMENTE, Domingo. *Guía de Ciudad Real*, Ciudad Real. (1869), Establecimiento tipográfico de Cayetano C. Rubisco.

FERNÁNDEZ ALBA, Ángel, coord. (2006), HGCR. *Hospital General de Ciudad Real. Learning from C.R.* TF Editores.

HERVÁS Y BUENDÍA, Inocente. (Edición facsímil, 2002), *Diccionario histórico geográfico. Biográfico. Bibliográfico de la provincia de Ciudad Real*, Ciudad Real, Diputación Provincial.

ISASI, Justo. "De la previsión social a la salud pública, Tipos sanitarios en la España contemporánea" en *Revista AV* n.º 49, septiembre- octubre, 1994.

MADOZ, Pascual. (Valladolid, 1845), *Diccionario geográfico-estadístico- histórico de España y sus posesiones de ultramar*, Ediciones Ámbito y Junta de Comunidades de Castilla-La Mancha, edición facsímil, 1987.

MÁRQUEZ MORENO, María Dolores. (1989), *La asistencia psiquiátrica en Castilla-La Mancha durante el siglo XIX*, Toledo, Junta de Comunidades de Castilla-La Mancha, Monografías n.º 9.

En la página anterior. "CIUDAD REAL. El Gobernador civil y Obispo-Prior, acompañados del Presidente de la Diputación Provincial, Diputados, Doctores y otras personalidades, en comitiva, después de inaugurar el Consultorio gratuito, instalado en el Hospital Provincial". Fotog. R. Pérez. *Vida Manchega*, 10.05.1916. Biblioteca Nacional de España

MOYANO GÓMEZ, Alejando y MOYANO ENRÍQUEZ DE SALAMANCA, Amparo. (2021), *Ciudad Real 1810-2020, dos siglos de trasformación*, Ciudad Real, Diputación Provincial de Ciudad Real, Biblioteca de Autores Manchegos.

OLAF FJELD, Per. (1999), "Cruzando el umbral" en FERNÁNDEZ ALBA, Ángel, coord. *Hospital General de Ciudad Real, Learning from C.R.* Ciudad Real, pp.9-21.

PALLASMAA, Juhanni. (1999), "Domesticando un gigante. Intención y experiencia" en FERNÁNDEZ ALBA, Ángel, coord. *Hospital General de Ciudad Real, Learning from C.R.* Ciudad Real, pp.23-27.

PANIAGUA, José León. (1999), "Una arquitectura de cuidados intensivos", en FERNÁNDEZ ALBA, Ángel, coord. *Hospital General de Ciudad Real, Learning from C.R.* Ciudad Real, pp.29-35.

PERIS SÁNCHEZ, Diego y MOYANO, Alejandro. (2015), "La transformación de Ciudad Real (1990-2014). Urbanismo y arquitectura" en *I Congreso nacional Ciudad Real y su provincia*, t. III, Ciudad Real, pp. 396-414.

–(2017), "75 años de arquitectura contemporánea en Ciudad Real", en *Cuadernos de Estudios Manchegos* n.º 42, Ciudad Real, Instituto de Estudios Manchegos, pp. 19-66.

–(1999), "El Hospital del Carmen y la atención sanitaria en Ciudad Real" En *25 años de escuela de Enfermería en Ciudad Real*, Ciudad Real, pp. 365-390.

–(2004), "De República y Arquitectura", en *Revista Formas de arquitectura y arte*, n.º 8, tercer trimestre, Colegio Oficial de Arquitectos de Ciudad Real, pp.16-25.

–(1992), *Arquitectura, Universidad y ciudad*, Ciudad Real, Universidad de Castilla-La Mancha.

–(2011), "Arquitectura en Castilla-La Mancha: una década muy provechosa" en *Añil*, 2.ª época, núm. 31, pp.139-143.

PIETAIN ÁLVAREZ-ARENAS. (2003), Alberto. *Los hospitales de Franco: la versión autóctona de una arquitectura moderna*, Tesis Doctoral, ETSAM.

RUILOBA QUECEDO, Cecilia. (2014), *Arquitectura sanitaria: sanatorios antituberculosos.* Madrid, Escuela Nacional de Sanidad, Instituto de Salud Carlos III, Ministerio de Economía y competitividad.

SÁNCHEZ RON, José Manuel. (1999), *Cincel, martillo y piedra. Historia de la ciencia en España siglos XIX y XX*, Madrid, Taurus.

VALLE CALZADO, Ángel Ramón y VILLENA ESPINOSA, Rafael. (1999), "Diputación y estado liberal (1833-1874)" en VV.AA., *Historia de la Diputación provincial de Ciudad Real 1835-1999*, Ciudad Real, Diputación Provincial, pp. 105-146.

VENTURI, Robert. (1966), *Complejidad y contradicción en la arquitectura*, Barcelona, Gustavo Gili.

VV.AA. (1943), "Concurso de anteproyectos de sanatorios antituberculosos", en *Revista Nacional de Arquitectura* año II, núm.15, marzo.

VV.AA. (1983), *Ciudad Real 1931-1934*, Agrupación Socialista de Ciudad Real, Homenaje a José Maestro.

VV.AA. (1999), E*l cardenal Lorenzana y la Universidad de Castilla-La Mancha*, Ciudad Real, Universidad de Castilla-La Mancha.